Lucette Charbonneau

D0813906

FRANCE CASTEL

Ici et maintenant

FRANCE CASTEL

Ici et maintenant

avec
JEAN-YVES GIRARD

LES ÉDITIONS **LA PRESSE**

Catalogage avant publication de Bibliothèque et Archives nationales
du Québec et Bibliothèque et Archives Canada

Castel, France, 1944-

    France Castel : ici et maintenant
    ISBN 978-2-89705-510-3

1. Castel, France, 1944- . 2. Actrices - Québec (Province) - Biographies.
3. Personnalités de la radio et de la télévision - Québec (Province) - Biographies.
I. Girard, Jean-Yves, 1961- . II. Titre. III. Titre : Ici et maintenant.

PN2308.C37A3 2016   792.02'8092   C2016-941685-2

Présidente : Caroline Jamet
Directeur de l'édition et éditeur délégué : Jean-François Bouchard
Directrice de la commercialisation : Sandrine Donkers
Responsable, gestion de la production : Carla Menza
Communications : Marie-Pierre Hamel

Conception graphique de la couverture : Simon L'Archevêque
Montage : Quatre&cinq
Photo des auteurs : Laurence Labat
Révision linguistique et correction d'épreuves : Pierre Guénette

L'éditeur bénéficie du soutien de la Société de développement
des entreprises culturelles du Québec (SODEC) pour son programme
d'édition et pour ses activités de promotion.

L'éditeur remercie le gouvernement du Québec de l'aide financière accordée
à l'édition de cet ouvrage par l'entremise du Programme de crédit d'impôt
pour l'édition de livres, administré par la SODEC.

Nous reconnaissons l'aide financière du gouvernement du Canada
par l'entremise du Fonds du livre du Canada (FLC).

LES ÉDITIONS **LA PRESSE**
Les Éditions La Presse
750, boulevard Saint-Laurent
Montréal (Québec)
H2Y 2Z4

Pourquoi ce livre ?

Bonne question. Par où commencer ?

Par l'envie de faire un grand ménage dans tous les sens du mot et de remettre les pendules à l'heure, pour moi, pour mes enfants et pour le public qui suit ma carrière multiforme et ma vie tumultueuse depuis déjà un demi-siècle ?

Pour ne pas oublier et comprendre toujours un peu plus qui je suis, où je vais et comment je me suis rendue si loin, ici, maintenant ?

Pour voir jusqu'où je peux assumer tout mon vécu, toutes mes douleurs et mes zones d'ombre, tout ce que je n'avais pas encore dit ?

Pour donner espoir et une preuve de résilience, et que ça devienne contagieux ?

Parce que la complicité avec Jean-Yves Girard n'a fait que grandir au fur et à mesure de nos nombreuses rencontres et que j'ai aimé son ouverture, son écriture et sa rigueur ?

Parce que Caroline et Jean-François des Éditions La Presse m'ont approchée avec grand respect et ont trouvé Jean-Yves ?

Pour laisser quelque chose d'authentique et de cohérent à mes enfants ?

Pour mettre les points sur les i et les barres sur les t une fois pour toutes ?

Pour que mon cheminement serve à d'autres que moi et mes proches, et donne à chaque personne la permission de ne rien censurer, de respecter la vérité de ses opinions et de sa vie dans tous ses aspects ?

Pour me pardonner toujours un peu plus ?

Pour continuer à avancer ?

Pour donner un exemple que personne n'est une erreur ?

Et pis, pourquoi pas ?

— *France Castel*

Sa vie en cadeau

France m'avait donné rendez-vous un midi d'avril Chez Lévêque, une institution sise à Outremont où elle est connue comme Barrabas dans la Passion. Ce premier contact était crucial. De lui dépendait la suite : quelques dizaines de rencontres et des mois d'introspection, un va-et-vient étourdissant de courriels avec chapitres à lire, corriger, relire, et cerise sur le gâteau, un livre, bien sûr. Avant de se mettre à nu et de plonger dans les eaux souvent troubles d'une existence notoirement agitée, elle tenait à jauger son futur (ou non) interlocuteur. Est-il vraiment intéressé par moi ou par l'idée d'écrire une biographie ? se demandait-elle sûrement, en route vers le restaurant. Saura-t-il instaurer un climat de confiance pour que je déballe tout sans me sentir gênée, fautive, jugée ?

Comme tout le monde, je savais que France Castel avait eu autant de vies qu'un chat, peut-être même deux de plus, qu'elle avait connu des heures sombres étirées sur plusieurs années noires, qu'elle avait trouvé le chemin vers la lumière sans devenir une illuminée. Incarnation de la survivante, miracle de résilience, etc. Je savais tout cela et aussi un peu plus. Car France l'avait oublié, mais nous avions déjà travaillé ensemble, brièvement, au printemps 1998. J'étais dans ce temps-là responsable des communications au Théâtre de Quat'Sous, sous la direction du formidable Pierre Bernard. C'est lui l'instigateur de *Blues du toaster*, un spectacle musical réunissant France, Linda Sorgini et Monique Richard qui roulera par intermittence pendant des années. J'avais pondu le communiqué de presse, bricolé une affichette, assisté aux représentations, par obligation au début, pour le plaisir ensuite. Je gardais de l'expérience un lointain, mais bon souvenir. Je respectais l'artiste, j'admirais la femme, qui ne se résumait pas à une histoire de coke et de rédemption, racontée dans une biographie publiée en 1995, *Solide et fragile*.

Si elle me faisait cadeau de sa vie, je lui donnerais en échange une tranche de la mienne.

Comme elle est sorcière sur les bords, France a vite compris mes intentions et le sérieux de ma démarche. L'entrée – un feuilleté aux escargots – était à peine entamée que, déjà, et sans mot dire, c'était marché conclu.

La blonde dame est une septuagénaire très occupée, et je devais me glisser dans les rares cases encore blanches de son agenda. Voyons voir... Elle terminait les enregistrements de *S.O.S. Mamies* pour Canal Vie. Travaillait sur *Les Vieux Criss*, un disque de chansons originales où elle retrouvait Louise Forestier. Pratiquait l'échangisme estival pour le talk-show de Pénélope McQuade à Radio-Canada. Entamait les réunions de production pour une pièce de Bertolt Brecht au Théâtre du Nouveau-Monde, saison 2016-2017. A fait un saut au Festival Juste pour rire lors d'un hommage à Michel Barrette, une apparition sur la scène des Gémeaux, et une chanson *En direct de l'univers* devant une Céline Dion pâmée. Hum... J'en oublie sûrement. Ah oui, elle s'est posée fin août pour célébrer ses soixante-douze ans.

Les premières semaines, pour créer une bulle d'intimité, je l'ai invitée chez moi. On s'est aussi vus au restaurant, on a parlé au téléphone quand on prenait du retard, mais ce n'était pas génial. Question de feeling, dirait son ami Luc Plamondon. Les confidences par machine interposée, à l'instar des amitiés virtuelles, c'est pas son truc. La plupart du temps, nous squattions la terrasse de son agent, avec magnéto, cafés et une boîte de papiers-mouchoirs, pour la quitter tous deux lessivés et sur les rotules. Faire revivre le passé exige une énergie folle, sans parler du courage. Le voir se matérialiser presque devant soi, l'accueillir et tisser des liens avec d'autres bribes d'existence déjà évoquées demande du doigté et une attention soutenue.

Je ne voulais pas insister, mais j'ai dû patienter cinq mois avant d'enfin franchir le seuil de son appartement. Les privilégiés qui y ont accès se comptent sur les doigts des deux mains, et, parmi eux, il y a sa femme de ménage. C'est en fouillant avec France dans ses tiroirs à la quête d'objets évocateurs pour illustrer ce livre que la dernière barrière entre nous est tombée.

Elle ne m'a pas que donné sa vie en cadeau. Elle a garroché la boucle en ruban, déchiré le papier, ouvert la boîte. Et ce que j'ai découvert à l'intérieur est simplement magnifique.

—*Jean-Yves Girard*

CHAPITRE 1

Emmurée pendant soixante ans

———

Il fait beau, en ce jour du printemps 2015. Un temps idéal pour fuir Montréal et prendre la clé des champs dans une Dodge Charger 1970 fringante, bleue au toit blanc. Au volant, Michel Barrette ; à ses côtés, France Castel ; sur la banquette arrière, un cameraman et un preneur de son. L'auto file vers l'Estrie, à la recherche d'un temps perdu : celui d'une fillette blonde aux yeux azur née Francine Bégin en 1944, qui changea de nom et de prénom en 1966 aux débuts de sa longue carrière.

Diffusé à Radio-Canada, cet épisode de la série estivale, où des personnalités revisitent leur enfance, n'a pas tout montré. Pendant le tournage a eu lieu un événement imprévu, très intense et fort déconcertant. Un moment capté sur film, puis en grande partie coupé au montage, selon le souhait de France.

Voici donc ce qui s'est passé ce jour-là.

J'avais dit aux recherchistes : « Je ne veux pas revoir la maison de mes parents à Sherbrooke. » Je l'avais aperçue, quand je passais dans le coin par hasard ou en tournée ; j'avais remarqué que les volets, bleus quand je suis partie au pensionnat à treize ans, étaient maintenant verts. Par contre, la maison de mes grands-parents, à Coaticook, je ne l'avais jamais revue. J'y ai passé beaucoup de temps, envoyée là-bas par ma mère, un séjour forcé que j'avais considéré comme une punition.

Nous voilà à Coaticook. Je retrouve la rue Child, mais, là où vivaient ma grand-mère et mon grand-père, il n'y a plus rien.

La semaine précédente, leur belle demeure a été démolie, rasée.

Michel, un grand sentimental, et moi, toute triste, on s'assoit côte à côte sur un bloc de béton, comme deux âmes en peine. Les yeux humides, on fixe le vide, un futur parking.

Un arrêt était prévu à Sherbrooke, où vivent mon fils aîné, David, sa conjointe, Sophie, et leurs enfants, Clémence et Philippe. Rue du Conseil, je vois l'hôpital où je suis venue au monde. À l'angle de la rue Murray, la rue de mon enfance, je dis : « Tourne à gauche. » Je suis comme un GPS, j'oublie qu'on me filme. Michel, avec qui je travaille depuis longtemps, me regarde : «Veux-tu qu'on y aille ?» Je réponds sans trop réfléchir : «OK, on y va.»

Vue de l'extérieur, la maison de mes parents n'a pratiquement pas changé, sauf la peinture, ici et là. En soixante ans, c'est fou, quand même. Pour ce qui est de l'intérieur, j'en ai aucune idée.

Michel me dit qu'il va s'informer s'il est possible d'entrer quelques minutes. Il descend de l'auto. Un homme en camisole sort de la maison. J'observe les alentours, je me rappelle nos voisins, des Italiens, les Fabi, les Raby. Michel me fait signe : tout est beau. J'ouvre la portière, je marche vers la maison dans un état second, émue, un peu inquiète, nerveuse.

J'entre.

Les lieux sont assez fidèles à mon souvenir. À l'étage, je reconnais la chambre que je partageais avec ma petite sœur Hélène, à côté de celle de mon père. Ma mère avait la sienne en bas, près de la cuisine. Oui, elle dormait dans une chambre séparée, parce qu'il y avait, près de son lit, un berceau toujours occupé. Ils ont eu huit enfants, preuve que mon père visitait ma mère à l'occasion.

«Attends, tu vas avoir une surprise», me dit Michel.

Le propriétaire m'explique : quand un mur a été abattu pour faire des rénos, à l'intérieur, ils ont trouvé quelque chose. Et il me donne une grosse enveloppe dans un sac de plastique. Sur le dessus, un petit carton plié en deux.

Je lis : « *ma* » *fille Francine, qu'en penses-tu ? Deux beaux bé…* *que j'aimerais chérir tendrement.*

À l'intérieur du carton, deux photos, faces collées l'une sur l'autre, comme si elles s'embrassaient : d'un côté, mon père, et de l'autre, une fillette. Je ne la reconnais pas, je n'ai aucune idée du moment où cette photo a été prise, mais je sais que, cette petite fille, c'est moi.

La « surprise » en est une vraie !

L'équipe de tournage doit s'ajuster vite, le cameraman et le preneur de son déjà partis sont rappelés. En attendant leur retour, mécaniquement, je fouille dans l'enveloppe. La scène est bizarre, et crée un malaise chez ceux qui y assistent : les photos enlacées, l'aspect « secret de famille dévoilé ». Je me rends compte qu'il n'y a que moi là-dedans, aucune trace de mes quatre sœurs et de mes trois frères. Ni de ma mère.

La suite a été coupée au montage.

À la télé, les gens n'ont vu que les deux photos. Sauf que l'enveloppe contenait bien plus. Des lettres que mon père recevait de nos soi-disant tantes, deux sœurs que j'ai vues à ses funérailles. Avec l'une d'elles, il avait même fait une croisière… Des lettres de créanciers. Des boîtes de somnifères. Des capsules de bouteilles de bière, qu'il buvait en cachette. Tout ce qu'il ne pouvait pas, ou ne voulait pas, dire à sa femme.

Dans ce mur, il y avait la vie secrète de mon père. Et j'en fais partie. J'ai été emmurée.

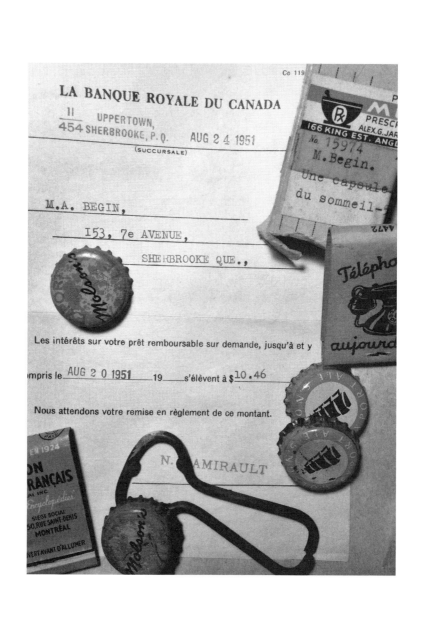

LA BANQUE ROYALE DU CANADA

$\frac{11}{454}$ UPPERTOWN,
SHERBROOKE, P. Q.   AUG 2 4 1951

(SUCCURSALE)

M.A. BEGIN,

153, 7e AVENUE,

SHERBROOKE QUE.,

Les intérêts sur votre prêt remboursable sur demande, jusqu'à et y

ompris le AUG 2 0 1951   19____ s'élèvent à $ 10.46

Nous attendons votre remise en règlement de ce montant.

N. AMIRAULT

Deux beaux bé-
-que j'aimerais chérir
Tendrement —

CHAPITRE 2

Tony

_____

Quand elle évoque son père, J. M. Antonio Bégin, surnommé Tony ou Tony the Great, France le décrit comme un être merveilleux, génial, aimant, mais aussi déséquilibré et imprévisible. Homme complexe, artiste dans l'âme, musicien et peintre, un temps président de la Chambre de commerce de Sherbrooke, et même pressenti pour briguer la mairie, Tony a été propriétaire d'un magasin de meubles, employé d'une quaincaillerie, mais a surtout accumulé les échecs. Sa belle-mère, aisée, payait les pots cassés.

Le nez toujours dans ses dictionnaires et ses livres d'histoire, Tony the Great était aussi féru de généalogie… et épris de sa fille.

Je savais que j'avais un passé assez trouble avec mon père. Il y avait tant de zones d'ombre. Pendant des années, j'ai essayé de faire la lumière pour le comprendre à l'aide de différentes thérapies, dont je parlerai plus loin, car elles méritent leur propre chapitre ! Malgré mes efforts, des pans de notre histoire commune restaient confus, inconfortables. Les avais-je inventés ? Sinon, où était la vérité ?

En découvrant le contenu de cette enveloppe, je me souviens d'avoir pensé : je ne suis pas folle ! J'ai ressenti un vrai soulagement, comme une délivrance. Enfin, je tenais une preuve tangible de quelque chose ! De ce qui s'est passé.

J'ai tout lu, mais pas tout de suite. Cette enveloppe, je pouvais à peine y toucher. Après le tournage, Michel Barrette est reparti avec elle. Il a mis les papiers en ordre, selon les dates et les sujets, si on peut dire, avant de me la remettre, une semaine après. Ce collectionneur était fasciné par l'aspect historique de la chose, son côté « roman policier ».

Mon père avait écrit au dos de ma photo : « Ma fille, qu'en penses-tu ? » J'étais obsédée par cette question. Elle m'obsède encore. C'est d'une telle ambiguïté…

Qu'est-ce que j'en pense, papa ? Toi, que j'ai idéalisé, avec qui j'ai vécu une relation si particulière ? Je pense que je me suis trompée sur la raison pour laquelle j'ai passé tant de temps chez mes grands-parents à Coaticook. Je croyais qu'on me rejetait. Maintenant, j'ai l'impression qu'on me protégeait de toi.

Tu étais un homme extraordinaire, débrouillard. Tout le monde t'adorait. Mais tu avais tes démons ; j'en ai eu aussi, plusieurs. Une partie de ton héritage.

Aujourd'hui, tu serais sans doute diagnostiqué bipolaire. Je te voyais pleurer dans l'escalier, j'allais te consoler. Tu m'aimais beaucoup… trop. J'étais la plus proche de ton monde. Tu jouais du piano, des grandes orgues à l'église, de la harpe : je partageais ta passion pour la musique.

Souvent, depuis que j'ai l'enveloppe, je rêve à toi. Je me réveille avec des images très fortes, très réelles, qui sont peut-être des moments vécus, mais refoulés. Je te vois, essayant de te pendre avec ta cravate. T'as fait ça ou non ? Comme toi, j'ai toujours eu une imagination fertile.

Sauf que…

Vers la fin des années 1970, avant mes problèmes de drogue, ma fille a eu cinq, six ans. Je la regardais, et je me revoyais à cet âge-là. Des images insupportables sont remontées à la surface. J'ai voulu les vérifier auprès de ma mère, de mes sœurs. Sans obtenir de réponses claires. Je me suis mariée vierge, malgré tout. Selon des experts, ce type de rapports incestueux est le plus difficile à travailler en thérapie, parce qu'ils sont teintés d'amour, ça devient très culpabilisant. J'avais une nature gourmande, j'aimais être touchée.

Je t'aimais tellement, papa. J'ai parfois le sentiment que j'ai provoqué ce qui s'est passé.

T'es mort depuis longtemps, je t'ai pardonné, je vais nous laisser en paix, mais, avant, une dernière chose. Souviens-toi. C'est le jour de mon mariage, j'ai quinze ans et demi, une belle robe blanche, et je vais te voir dans ta chambre. T'es dans ton lit parce que t'as bu. Et quand t'étais saoul, tu parlais en vers, comme un personnage d'une autre époque. Tu m'as dit, les yeux rouges d'avoir pleuré : «Ça se peut pas, hein, un papa qui couche avec sa petite fille ?» Je suis sortie pour aller vomir.

Le lendemain, t'as quitté la maison, ta femme, tes enfants, et t'es jamais revenu.

France en jeune mariée de 15 ans et demi.

CHAPITRE 3

Party de famille

À chaque famille son rituel : dinde et atocas à Noël, jambon à l'érable à Pâques. Dans celle de France Castel, une nouvelle tradition a vu le jour il y a une dizaine d'années, et elle n'est vraiment pas banale.

À l'origine, la famille Bégin comptait huit enfants, nés dans cet ordre :

Louise
Diane (décédée en 2009)
Jean-Pierre (décédé en 1976)
France

Hélène
François
Paul (décédé en 2002)
Lucie

France est donc «l'enfant du milieu», «l'enfant sandwich», sur lequel bien des théories ont été échafaudées. Elle assure que cette position a eu une influence sur toute sa vie. Et dit avoir toujours senti que, pour se démarquer, se faire remarquer, il lui fallait en faire plus.

Ce qui ne lui a pas trop mal réussi.

En août, j'ai rendu visite à ma belle-sœur Marie-Claude, la veuve de mon frère Paul. Depuis le départ de ma mère et celui de ma sœur Diane, c'est elle et son fils Christophe qui gardent en vie cette tradition familiale de se réunir à la fin de l'été. Cuisinière hors pair, Marie-Claude a un service de traiteur pour de grands événements. Tout ce qu'elle prépare est délicieux. Ça n'a pas été long que Christophe, qui a dans la jeune vingtaine et qui est tout le portrait de son père, a dit : «Il manque Paul.» Il est allé prendre l'urne contenant les cendres de son père et l'a déposée sur la table, à côté du melon d'eau avec feuille de basilic et bout de fromage italien grillé. On a porté un toast à notre frère défunt, on lui a demandé : «Es-tu content de nous voir ensemble ? Christophe a encore grandi, tu trouves pas ?»

Pour certaines personnes, mettre les cendres d'un mort sur la table avec des petits fours et de la boisson serait considéré de mauvais goût, lugubre, cinglé, ou les trois. Pour nous, c'est normal. La première fois qu'on l'a fait, Paul nous avait quittés un an auparavant, et c'était notre première rencontre familiale depuis son décès. Il s'est passé des choses, il y a eu manifestations... Une porte s'est refermée toute seule, entre autres. Quelqu'un, peut-être Marie-Claude, a dit: «Paul veut être là.» On est allé le chercher.

Maintenant, le party ne lève pas sans Paul.

J'ai pris l'urne dans mes bras, mon p'tit frère qui me ressemblait tellement, blond, les yeux bleus, les pommettes... Un bon vivant qu'on appelait «le soleil», qui ne voulait pas vieillir, qui est parti trop tôt, et très vite...

J'étais très proche de lui; je le suis aussi des autres, celles et ceux qui restent. Ma famille est spéciale, oh quelle surprise! Avec les parents qu'on a eus, les conditions dans lesquelles on a été élevés, le contraire aurait été impossible. Quelques-uns sont bipolaires comme notre père, et moi, je le suis presque. Certains ont consommé drogue ou alcool comme notre père, et moi, euh... L'éventail de nos personnalités est assez riche. Il y a des qualités et des particularités qui nous unissent: une honnêteté désarmante, une permissivité, une ouverture à tous les sujets.

Je ne leur ai pas parlé de ce livre, je n'avais pas à prendre le crachoir, c'était la soirée de Paul, de Christophe et de Marie-Claude, qui avait organisé et préparé le tout. Même quand ils essaient d'amener mon métier sur le tapis, je ne veux pas, je sais que je peux prendre beaucoup de place, alors je fais le contraire, je leur donne toute la place.

Avec Lucie, le bébé de la famille qui a soixante et un ans, on a parlé des joies – je suis sarcastique – de vieillir.

Avec Hélène, on a parlé de son dernier vernissage, parce qu'elle s'est mise à la peinture. J'ai acheté l'une de ses toiles et je suis si heureuse que ma sœur ait trouvé une façon de s'exprimer.

Chez nous, c'est pas moi, la vedette. Tout le monde sort du lot. Louise, l'aînée, le pilier de la famille, celle qu'on appelait «notre grande sœur de l'ouest», parce qu'elle vivait dans le West Island, a mené une brillante carrière de traductrice et a remporté des prix du Gouverneur général. Guitariste dans un groupe, Les Mersey's, très populaire à la fin des années 1960, François est passé à *Jeunesse d'aujourd'hui*. Avec la chanteuse Liette Lomez, décédée en 2014, il a formé un duo, ils ont eu quelques succès, et puis il est devenu arrangeur de voix en studio.

Il n'y a aucune jalousie entre nous envers ceux qui se distinguent. Ils sont fiers de moi, me le disent, même le beau Christophe me l'a dit la dernière fois. Ils viennent me voir sur scène ou au cinéma quand ils peuvent, et ils achètent leurs billets, ils ne m'en demandent même pas.

MA MÈRE, UNE FEMME

Quand on se revoit ainsi, quand on évoque le passé et les disparus, le souvenir de ma mère revient, mais il n'est jamais loin. Je pense souvent à elle. En vieillissant, je constate que j'ai hérité de son sens de la répartie, de son audace et de sa force.

Longtemps, j'ai cru que j'étais plus proche de mon père, un être double, triple, intelligent, talentueux, un peu fucké et plein d'amour, que je me suis forcée à comprendre. M'identifier à lui et à son côté fêlé allait de soi.

Avec ma mère, une femme plutôt terre à terre, le lien était moins évident. Je la connaissais moins.

Ma mère et sa sœur ont été adoptées enfants. Leur mère, ma grand-mère, est morte très jeune de chagrin. Oui, de chagrin, comme dans les romans du 19e siècle; c'est ce qui était écrit sur les papiers officiels d'adoption. Était-ce un suicide? Leur père, donc mon grand-père, était un aventurier, il allait aux États-Unis pour faire je ne sais quoi; de lui, on sait à peu près rien, on ne l'a jamais vu, mais, peu importe, elles sont là, nos racines, et elles ne sont pas banales.

Élevée dans une famille à l'aise, maman a étudié plus d'années que ce qui était la coutume pour une p'tite «Canadienne française» dans les années 1920. Dotée d'une belle voix de soprano colorature, elle aurait pu en faire quelque chose, mais elle s'est mariée et a eu huit enfants. Sauf qu'elle n'en voulait pas plus que trois. Sa quatrième grossesse, moi, n'était pas la bienvenue du tout. Obligée un peu par sa propre mère, elle s'est résignée à me garder, mais ne m'a pas caché ses états d'âme de mère à boutte. « Après toi, m'expliquait-elle, faut croire que je me suis habituée. » Sûrement, parce qu'ensuite, elle a eu quatre autres bébés ! Ce n'était pas méchant de sa part, plutôt une constatation. Mais une fillette qui entend ça se pose des questions…

Ma mère, qui a grandi dans la foi catholique et la peur du péché mortel, qui a rejeté tout ça assez vite, qui a arrêté d'aller à la messe et en a voulu à l'Église sa vie entière, s'est réconciliée dans la soixantaine avec la religion, mais elle préférait dire avec « la spiritualité ». « Les péchés n'existent pas, ce sont des manques d'amour. » Elle s'est mise à aimer saint Paul et me l'a fait connaître, cet apôtre fascinant et le plus *wild* de la gang, le rédempteur. Elle a noirci des cahiers et des cahiers de réflexions, de passages de la Bible, de lectures de toutes sortes, et me les a légués. « Donnez-les à France, elle va comprendre. » Elle est morte depuis quinze ans, et je les ai toujours. Parfois, je les sors, les feuillette, et je me rappelle nos discussions philosophiques et existentielles.

Aujourd'hui, ma mère, je l'admire et je me demande comment elle a fait pour rester malgré tout lucide et saine d'esprit avec le mari qu'elle avait, la manipulation de sa mère et le Québec arriéré de l'époque. C'était une femme moderne née au mauvais moment. Elle s'est rattrapée un peu, bien plus tard, en s'inscrivant à l'université à l'âge où on prend sa retraite. Je la revois, avec ses bas-golf, sa jupe et son sac d'étudiante.

Peu de gens, dans ma génération du moins, savent qui est vraiment leur mère, et, surtout, la femme qu'elle est aussi. La mienne, je l'ai connue dans les dernières années de sa vie parce que je l'ai confrontée, je n'étais plus une enfant. Elle s'est racontée. Elle a eu des amants, elle n'aimait pas vraiment mon père… J'ai reçu des confidences qui m'ont surprise et nous ont rapprochées.

La vie que j'ai menée ne la choquait pas, et Dieu sait qu'elle m'a vue dans tous les états. Un soir, aux pires heures de mes années noires, elle m'a regardée rentrer à la maison. «Ma pauvre p'tite fille», c'est tout ce qu'elle a dit. C'était le plus beau mot d'amour.

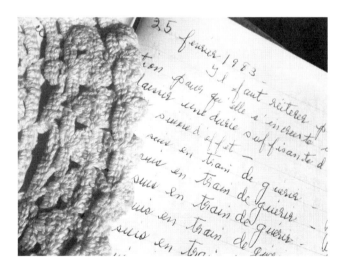

PRO 7000

CHAPITRE 4

La vie d'une voix

Chanter a été son premier métier. Certains comparaient sa voix pure, malléable et puissante à celle d'Yma Sumac, la « Castafiore inca », et à Barbra Streisand. Aux débuts des années 1970, on l'entendait beaucoup à la radio… et presque plus dès la décennie suivante. Que s'est-il passé ?

Parmi ses quelques succès, l'un d'eux mérite un peu plus d'attention : « Donnez-moi un peu de fil, des aiguilles et du coton/ Il n'en faut pas plus pour réparer un cœur en pièce… » En 1973, cette chanson installe France au sommet des palmarès. Le disque se vend à 100 000 exemplaires, l'air court sur toutes les lèvres, s'arrête sur celles d'une fillette de cinq ans, qui l'adore, l'adopte et *le chante au mariage de l'un de ses nombreux frères. Ce sera la première prestation publique de Céline Dion.*

Une anecdote quasi historique racontée par nulle autre que la diva de Charlemagne elle-même à l'émission En direct de l'univers. *Et France, à la demande express de Céline, a interprété* Du fil..., *ce qu'elle n'avait pas fait depuis tant d'années que de les compter donne le vertige. Pour un instant, son lointain passé de chanteuse populaire au talent très prometteur a montré le bout de son nez.*

Il l'a fait aussi aux Échangistes. *Le chanteur Dumas, invité au talk-show de Pénélope McQuade et collectionneur de disques vinyle, avait une surprise inestimable pour France, achetée 10 dollars dans un bazar: un album tout en anglais, qu'elle avait enregistré en 1973. Une fois traduit dans la langue de Streisand,* Du fil, des aiguilles et du coton *ne répare plus les cœurs en pièce, mais devient* To One and All. *Elle y va aussi d'un blues, d'un adagio, d'un air de Broadway, etc.*

Cet album, non seulement France ne l'avait jamais revu, mais elle ne l'avait jamais entendu.

France Beaudoin, une amie, me demandait récemment: «Quand vas-tu faire un *show*? Je vais le produire.» Je reçois souvent des offres pour présenter un tour de chant. Entre vous et moi, je suis certaine que ça marcherait. Serge Denoncourt aimerait mettre en scène un spectacle où j'interpréterais les grandes chansons du théâtre de Bertolt Brecht. Je suis flattée, mais je n'ose pas. Je me trouve trop vieille… même si depuis quelques mois je suis une « Vieille Criss ! »

J'aime dire ça : une Vieille Criss. J'en suis une, je l'assume. Et en tant que Vieille Criss officielle, je suis entourée de deux beaux Vieux Criss : François Guy et Michel Lefrançois. Et de Louise Forestier, quand même la première à avoir dit « criss » dans une chanson, *Lindberg*, en 1968, criss.

Tous les quatre, on a fondé Les Vieux Criss, le printemps dernier. J'ai accepté d'embarquer dans ce projet pour des raisons précises :

1 — Je n'ai pas à endosser ça toute seule, le disque, les spectacles, les entrevues, etc. Partager le boulot et la pression à plusieurs, c'est formidable.

2 — Son actualité. Toutes les chansons sont originales. Et elles sont bonnes.

3 — Son audace. Montrer qu'à soixante-dix ans et des poussières, on est toujours vivants, on peut encore créer, avancer, et pas juste bons à radoter le passé.

4 — Ce n'est pas une énième version du retour de nos idoles. Je suis très heureuse pour ceux qui le font, mais ce n'est pas pour moi. Être pognée à chanter *Donnez-moi du fil, des aiguilles et du coton, Je le vois dans ma soupe* et *Toi et moi amoureux,* mes trois *hits* ? Non merci.

Idem pour les albums-hommage à toutes les sauces, si populaires à l'heure où les disques ne se vendent plus : ça ne m'intéresse pas. À la blague, je dis souvent que mon prochain album sera *Castel chante Cabrel*.

Ce matin, j'ai vu qu'on m'avait envoyé *Plamondon : 40 ans de chansons – 40 stars à l'unisson*. Mon Dieu, ça date de 2010, et je ne l'avais jamais ouvert ! Il paraît que j'ai une chanson dans le lot, *Cours pas trop fort, cours pas trop loin,* probablement. Luc Plamondon adore ma version. Attendez que je vérifie… Eh oui, elle est bien là.

Je ne suis pas nostalgique pour deux cennes. Vous ne me verrez jamais chercher « France Castel » sur YouTube. Oh, je sais que je suis là, à différents âges, et dans tous les styles possibles et imaginables. Quand je suis passée aux *Enfants de la télé,* la matière première ne manquait pas. Mes propres enfants me parlent parfois d'affaires qu'ils ont vues sur Internet ; ils sont tombés par hasard sur un clip où je chante *Noël Blanc* sur un air disco…

J'ai beau ne pas me complaire dans la nostalgie, il m'arrive quand même de repenser à mes débuts de chanteuse. Je n'ai pas de regret, mais un peu honte. Honte d'avoir gaspillé un don ; maintenant, le deuil est fait.

J'y ai beaucoup réfléchi, et je crois avoir trouvé pourquoi ma carrière d'interprète n'a pas tenu ses promesses. Je l'ai tuée moi-même à cause d'une mauvaise critique.

Je vous explique.

Fin 1960. Je n'ai pas encore fait de disque, j'ai chanté ici et là, entre autres à La boîte à Clairette. Je me joins à un groupe, La Cinquième saison. Quatre musiciens – dont Roger Gravel, le père de mon deuxième fils – et moi, la chanteuse. Notre premier engagement : assurer la première partie pour l'imitateur Claude Landré, à la Place des Arts. Son spectacle s'appelle *Landré drabe*. Le lendemain, la critique sort, très mauvaise en ce qui me concerne. Le titre : *Landré éblouissant, France Castel drabe*.

Je l'ai lue, et j'ai vomi. Je n'étais pas assez forte pour encaisser ; je n'avais pas de gérant ou d'équipe pour me protéger. Je ne croyais plus en mon talent. Je suis drabe ? Très bien. Alors, quand je chanterai sur scène, ce sera dans l'ombre des autres. Je serai choriste.

Je n'étais pas une soliste frustrée. J'adorais être choriste, et la meilleure. Capable de produire le plus de sons possible, j'ai développé une nouvelle confiance en ma voix.

J'étais très sollicitée. J'ai même servi de coach à Diane Dufresne quand elle est revenue de Paris et voulait changer de style, passer de chanteuse straight à plus rock n' roll. J'avais commencé l'écriture d'une méthode de chant… qui, comme plusieurs de mes projets, n'a jamais abouti.

On m'entend sur *Jaune*, de Jean-Pierre Ferland. Dans toutes les chansons où il y a des chœurs – *Le petit roi* avec son fameux «hey, boule de gomme, serais-tu devenu un hooooooomme», par exemple –, je suis là. Cet album est devenu l'un de nos grands classiques et, déjà, quand on l'a enregistré, c'était clair qu'il se passait quelque chose en studio. Le son était différent, précurseur, avec le mélange de musiciens québécois et américains, le mariage rock et classique.

Jean-Pierre, j'ai été sa choriste attitrée, comme je l'ai été avec Diane, époque *Tiens-toi ben, j'arrive,* et des vedettes françaises de passage, Aznavour, Véronique Sanson, Joe Dassin et tant d'autres.

Être choriste m'offrait un point de vue très particulier sur l'artiste. Je voyais son corps réagir. Avec le temps, je pouvais deviner ce qui s'en venait. Jean-Pierre se penchait d'un côté: il avait peur de donner sa note. Oh, il faisait un geste de la main: il allait se tromper. J'étais fascinée.

Ce volet de ma carrière n'a pas été oublié, surtout à la radio de Radio-Canada. Les quarante ans de *Jaune,* en 2011, ont été soulignés par une émission spéciale. Puis, en 2014, j'ai commenté, à titre d'ex-choriste, le documentaire incroyable, *20 Feet From Stardom* (*À deux pas de la gloire*). Il nous fait découvrir des talents dans l'ombre, des *back-up signers* américaines des années 1960 et 1970 aux voix extraordinaires, meilleures que bien des stars, qui ont travaillé avec les Stones, Ray Charles, David Bowie. La plupart rêvaient d'une carrière solo. Certaines ont fait des disques qui n'ont pas marché. Pour survivre quand le téléphone ne sonnait plus, une a fait des ménages, une autre est devenue prof d'espagnol.

C'est vrai qu'il faut plus qu'une belle voix pour être soliste, pour devenir une vedette, briller, et durer. Il faut… tellement de choses. Une ambition dévorante. Une confiance en soi. Une équipe. Un besoin viscéral d'être en avant. En un mot, tout ce que je n'avais pas.

Pour me trouver une excuse, je disais qu'être seule sur scène, c'est ennuyant et prétentieux. Encore aujourd'hui, je préfère que tout le monde rayonne. Ça vient peut-être de ma position dans la famille, la quatrième, née en plein milieu.

LA VOIX QUE J'AI

Depuis *Du fil, des aiguilles et du coton,* ma voix a changé. Je le sais, et j'en ai eu la confirmation il y a quatre ou cinq ans. J'ai mis la main sur une cassette que je croyais égarée, celle d'une chanson interprétée à Toronto pour l'ouverture de Global TV, au début des années 1970. Le compositeur Neil Chotem dirigeait un grand orchestre, il n'aimait pas particulièrement les voix d'opéra, alors, il m'engageait souvent pour chanter des notes de soprano coloratura. J'ai écouté et j'ai pleuré. Ma voix est d'une pureté incroyable. Elle possède une tessiture que je n'ai plus, et que j'avais encore, en 1980, quand j'ai fait *Starmania Made in Québec.*

Impossible de dire ce que serait devenue ma voix sans les excès. Je n'ai pas fait attention à rien, pas plus à ma santé qu'à mes cordes vocales. Quand je consommais, je pouvais fumer trois paquets de cigarettes par jour. Après ma désinto, ma voix était très basse, et j'avais perdu du registre, beaucoup d'aigus et du souffle.

Étonnamment, j'ai retrouvé ma voix de tête. Et des hautes, des rondeurs et des graves que je n'avais pas dans le temps. Est-ce un miracle? Je m'en suis aperçue quand je jouais une nonne dans *Sister Act*, une comédie musicale mise en scène en 2014 par mon amie Denise Filiatrault, qui m'avait dirigée vingt années plus tôt dans *Demain matin, Montréal m'attend*.

La voix que j'ai aujourd'hui me ressemble totalement, alors que l'autre, la cristalline, la pure, qui sortait sans effort et que je contrôlais parfaitement, je ne sais pas à qui elle était ni d'où elle me venait.

Avoir encore cette voix à mon âge? J'aurais l'impression d'être passée à côté de ma vie.

France à l'émission *Les Couche-tard*.

CHAPITRE 5

De miss à mamie

_____

Aujourd'hui comme hier, depuis cinquante ans, le petit écran est son grand terrain de jeu, son école, son gagne-pain surtout. On l'y a vue beaucoup, partout, sur toutes les chaînes: Bye Bye, Omerta, Lance et compte, Urgence, Moi et l'autre (version 1996), Scoop, Chez Denise, Du tac au tac, *etc. Pendant dix-sept ans, elle a animé et coanimé des rendez-vous quotidiens:* Droit au cœur, Deux filles le matin, Pour le plaisir. *Récemment encore, elle partageait son expérience de septuagénaire cool dans* S.O.S. Mamies *et s'est initiée à l'échangisme le temps d'un été avec Pénélope McQuade.*

Une carrière remarquable qui, comme toutes les carrières, remarquables ou non, a commencé quelque part. Ce lieu de naissance s'appelait Les Couche-tard, *c'était un soir de l'hiver 1966, et France y est apparue à titre de Miss Mars.*

Talk-show classique devenu légendaire, Les Couche-tard *est l'inspiration directe de l'actuel* Deux hommes en or, *à Télé-Québec. Le duo original reste inimitable : un éloquent pince-sans-rire bien élevé, Roger Baulu, dit « le prince des ondes », et un libertin cultivé prompt à la répartie, Jacques Normand, dit « le roi des nuits de Montréal ». Le thème d'ouverture – texte de Jean-Pierre Ferland, voix suave de Jacques Normand et musique langoureuse – mettait la table :*

> Regardez-les, les couche-tard
> Ils ont l'œil lourd et gris
> Ils traînent le jour les couche-tard
> Et poussent la nuit
> Ils vivent au soleil de minuit
> Et on les arrose au whisky
> Ces fleurs de macadam […]

Intelligente, irrévérencieuse, internationale par ses invités – Bécaud, Johnny Hallyday, Petula Clark, etc. –, l'émission Les Couche-tard *a été le coup de pouce du destin, le formidable tremplin pour une blonde inconnue de vingt-deux ans, qui a joué l'hôtesse pour ces messieurs pendant un mois… avant d'être élue, devant les 11 autres miss mensuelles, Miss Couche-tard 1967.*

Qui a dit que l'avenir appartient aux lève-tôt ?

Un soir de l'hiver 1966, j'étais au Castel du Roy, un bon resto français, rue Drummond, au centre-ville, fréquenté par le milieu artistique et pas très loin de l'ancien édifice de Radio-Canada. Je n'étais pas encore une chanteuse, même pas une artiste, et vraiment pas une échangiste, j'étais rien et j'allais nulle part. J'étais au bar, seule, par choix. J'aimais sortir, manger seule, payer mes affaires et partir à ma guise. Je venais de fuir un mariage étouffant, où tous mes gestes étaient contrôlés et mon salaire rationné, j'avais soif de liberté, d'autonomie physique et financière. Ce besoin ne m'a jamais quittée et est encore présent aujourd'hui, après dix-sept ans de vie commune avec le même homme.

En ce temps-là, une jeune femme assise seule au bar, c'était inhabituel, audacieux, et elle ne passait pas inaperçue. Un homme m'a accostée. J'étais prête à le rembarrer, mais il n'était pas venu me conter fleurette. Il travaillait à Radio-Canada, justement, et m'a expliqué le concours de miss des *Couche-tard*. J'avais participé à des concours de chant, et souvent gagné, mais de miss? Euh, non. Avant de partir, le gars m'a laissé sa carte en me disant: «Si vous vous ennuyez, appelez-moi.»

J'étais secrétaire-comptable et je m'ennuyais à mort. Je l'ai appelé.

En fait, ce concours de Miss Couche-tard en était un de personnalité plus que de beauté. Je me souviens d'avoir raconté aux deux animateurs, en ondes, l'histoire de ma chatte qui avait accouché, et, comme de raison, ils ont joué là-dessus, et je les regardais avec mes grands yeux bleus sans comprendre le double sens… J'avais vingt-deux ans, et j'étais naïve, mais naïve ! Vous ne me reconnaîtriez pas, et moi non plus. J'ai bu mon premier scotch avec Jacques Normand, c'est tout dire.

Contrairement aux concours de miss classiques, il n'y avait pas de défilé en maillot ni de question sur la paix dans le monde, mais chaque candidate devait « montrer un talent ». J'en avais un : j'ai chanté *Devinez qui vient dîner ce soir*, du Français Gilles Dreu, un texte assez dramatique sur un fils qui revient dans sa famille.

Les téléspectateurs votaient pour la miss du mois, et Radio-Canada choisissait une hôtesse sur les 12 miss pour être Miss Couche-tard 1967, l'année de l'Expo. J'ai appris que c'était moi, Miss Mars, qui avait été retenue, le même jour où j'apprenais que j'attendais mon premier enfant, David. Divorcée, célibataire, enceinte après une relation très éphémère, je ne pouvais pas montrer un bedon à la télé. Seul le costumier a été avisé, et il m'a aidée à camoufler les rondeurs. Heureusement que le style Empire était à la mode, serré sous le buste et ample sur le ventre. Enregistrée dans un des pavillons de l'Expo, *Les Couche-tard* a reçu plusieurs des célébrités de passage, comme le shah d'Iran. Je n'étais pas impressionnée, je ne connaissais rien de la vie, j'étais naïve, mais naïve !

Jeune mère et artiste en devenir, sans gérant, je ne savais pas comment profiter de la visibilité acquise. Pendant un an, j'ai dû retourner m'ennuyer dans un bureau. J'ai même acheté un dépanneur avec un de mes beaux-frères. Mais j'avais une voix, des contacts dans le milieu. Roger Gravel, un excellent pianiste que j'avais connu aux *Couche-tard* – et qui sera le père de mon deuxième fils, Benoît –, travaillait à la fameuse Boîte à Clairette, où tant d'artistes ont débuté : Charlebois, Dufresne, Dubois et d'autres. Un soir, la chanteuse au programme ne s'est pas présentée, je l'ai remplacée… et puis voilà.

En plus de ma voix, j'avais un atout peu répandu à l'époque : je parlais parfaitement l'anglais. J'ai un don pour les langues, et j'ai grandi à Sherbrooke, une ville jadis beaucoup plus anglophone que maintenant. Ça a été ma carte maîtresse pour entrer, aux débuts des années 1970, à CBC Montréal, puis à CBC Toronto. Dans des émissions de variétés comme *Everything Goes, Let's Called The Whole Thing Orff* et le *Alan Hamel's Comedy Bag,* je me suis retrouvée à partager des sketches avec Fred Astaire ou Sally Field, et j'ai interviewé Alice Cooper.

Je sais que c'est facile à dire aujourd'hui, quarante ans plus tard, et personne n'est obligé de me croire, mais je pense sincèrement que j'aurais pu faire carrière aux États-Unis. J'ai travaillé avec les Productions Norman Lear, très puissantes dans ce temps-là, j'avais un pied dans la porte, a foot in the door. Mais la vie personnelle et amoureuse, plutôt mouvementée, passait avant tout le reste…

Pas ambitieuse ni carriériste, d'accord, mais débrouillarde en diable, j'ai développé au fil des années d'autres facettes pour durer dans le métier. Le jeu, par exemple. En 1976, sans expérience, à part une comédie musicale au Théâtre des Variétés l'année d'avant, je me suis présentée aux auditions d'un nouveau téléroman à Radio-Canada, *Du tac au tac.* J'ai appris le texte en deux minutes, j'ai fait la scène, et on m'a engagée sur-le-champ. Ce rôle de Geneviève, agente d'artiste, a été mon premier à la télé, et le plus marquant, car il était de tous les épisodes. Ça ne m'a pas empêchée de quitter Montréal pour suivre mon second mari à Chicoutimi. J'ai bien fait quelques allers-retours, mais c'était trop compliqué, et, après une seule saison, bye bye, Geneviève !

Jean-Guy Moreau, un maître de l'imitation qui faisait un René Lévesque et un Jean Drapeau plus vrais que nature, m'avait dit : « T'es capable d'imiter. » Il avait raison. Imiter, c'est musical, et j'ai beaucoup d'oreille. Ensuite, il faut exagérer un trait. À part Dodo et Denise, les femmes imitatrices étaient rares, et j'ai participé à plusieurs *Bye Bye,* fin 1970, début 1980 : Diane Dufresne à l'urgence qui chante *Donnez-moi de l'oxygène* en se garrochant partout, Michèle Richard, Ginette Reno, René Simard, Boule Noire et d'autres Pendant le tournage du *Bye Bye 1982,* je commençais à être pas mal dans la drogue, et quand j'ai vu La Poune déguisée en E.T., j'ai cru que j'hallucinais !

ANIMATION 101

Même si j'ai coanimé une première émission quotidienne dès le début des années 1980 – *Au jour le jour,* qui remplaçait *Femme d'aujourd'hui,* une institution radio-canadienne – c'est presque vingt ans plus tard, avec France Beaudoin, que j'ai appris mon métier d'intervieweuse. Les premiers temps de *Deux filles le matin,* à TVA, je la regardais faire, elle avait beaucoup d'expérience en la matière et une formidable aisance. Moi, je faisais de l'ambiance, j'avais l'avantage de connaître tout le monde. Avec le recul, je pense que j'étais en dépression à l'époque, je manquais de concentration. Avec *Deux filles le matin,* on est devenues deux amies pour la vie.

En 2007, après deux ans, *Droit au cœur,* la quotidienne matinale que j'animais à Radio-Canada, s'est arrêtée. À mon grand désarroi : je m'y sentais utile. Les sujets, sérieux, même dramatiques, faisaient appel à mon vécu, mon empathie. Alors, quand on m'a offert *Pour le plaisir,* je trouvais le concept, disons, un peu léger. Il m'a fallu une année au moins pour m'adapter, et me rendre compte que la légèreté a sa place, et qu'elle fait du bien aussi à l'âme.

Le premier coanimateur qu'on me proposait ne m'enchantait guère. Puis, le nom de Michel Barrette a été mentionné. Nous n'avions jamais travaillé ensemble, mais, pour le mandat de l'émission, j'étais sûre qu'il serait parfait.

On se plaisait à dire qu'on était « Les démons du midi sur l'acide » : lui qui conte des jokes, l'autre qui rit. Je savais que je pouvais faire une Suzanne Lapointe de moi-même, et, pour les blagues, Michel n'a pas son pareil.

Pour le plaisir était ma première émission avec un public en studio. Chaque jour, ils étaient une centaine, ils arrivaient par autobus de maisons de retraite. On recevait aussi des gens plus jeunes, des mères avec leur fille, parfois des ados. Il y avait nos habitués, qu'on invitait à manger à Noël ce que nous cuisinait sœur Angèle. C'est pour eux qu'on fait de la télé, on entre dans leur salon pour les divertir, les informer. Je sais bien ce que plusieurs pensent, que c'est «pour les matantes» ; c'est méprisant. Et c'est très facile de se moquer de la vieillesse, de la perte d'autonomie et du manque de goût.

Michel l'a raconté à *Tout le monde en parle:* une dame lui a demandé quand elle pouvait assister à l'enregistrement de *Pour le plaisir* – Radio-Canada venait de tirer la plogue après huit saisons. Il lui a répondu: «Ben, on est en reprise l'année prochaine.» Elle a dit: «Ça fait rien, j'aime ça, assister aux reprises.»

Pauvre petit amour.

Pour le plaisir n'était pas une émission qui, artistiquement, me transportait et m'incitait à me dépasser. Humainement, par contre, elle m'a apporté énormément. Pendant toute cette aventure, je n'ai pas beaucoup travaillé comme comédienne: quand tu es tous les jours à la télé en tant que toi-même et non dans la peau d'un personnage, ça enlève le mystère. C'est normal. Je ne vais pas me plaindre.

Le dernier Festival Juste pour rire rendait hommage à Michel Barrette, et on m'a demandé si je voulais y participer. Comment aurais-je pu dire non? Il était assis dans la salle, elle était pleine, mais je n'ai chanté que pour lui *What a Difference a Day Makes*, l'un de ses airs préférés. Je le regardais, il s'essuyait les yeux, c'est un grand sensible, un homme sans malice.

On a été un couple de télé pendant huit ans, j'ai eu le temps de l'apprivoiser et d'apprécier ses qualités. À la 1 000e de *Pour le plaisir*, Michel m'a donné un petit écrin avec un cheveu de Marilyn Monroe authentique, acheté dans une vente aux enchères. J'ai été surprise: je savais qu'il m'aimait bien aussi, mais pas à ce point. À ma mort, la relique lui reviendra, c'est écrit dans mon testament, mais, chut! il n'en sait rien.

ET BETTY?

On me parle tous les jours, ou presque, de *Pour le plaisir*, et on me demande souvent des nouvelles de Betty. Eh bien, elle va mieux depuis que je lui donne de la glucosamine tous les matins. Vous devriez la voir sauter partout comme une jeune fille.

Ma Betty, la mascotte de l'émission, a donné au public autant d'amour que Michel et moi. Oui, elle est guidoune, mais c'est dans sa nature: si elle se colle sur tout le monde, c'est pour que chacun ait l'impression de vivre avec elle un moment unique.

Betty recevait des courriels : quelle race de chien est-ce ? Je répondais pour elle : un bichon croisé caniche. Comme pour moi, ses débuts à la télé sont dus à un concours de circonstances. Il y avait une chronique animale à *Pour le plaisir*, et on avait besoin d'un chien. J'ai amené Betty, et une star est née. Elle a participé à des sketches, les scripteurs lui écrivaient un rôle dans des scénarios. Si les gens pensent que Radio-Canada lui versait un cachet puisé à même leurs impôts, je précise que ce n'était pas le cas. De plus, nous partagions la même loge.

Betty a, bien sûr, une histoire…

Bien avant son arrivée dans mon existence et à la télé, j'ai eu un chat qui répondait aussi au nom de Betty. Je sortais de ma cure de désinto, j'avais le moral au ras des pâquerettes. Avec mon fils Benoît, on rescapait des chats de ruelles, on les nourrissait, ces pauvres bêtes. J'ai vite adopté l'une des rescapées, Marguerite, qui, un jour, est tombée d'un étage et s'est mise à grossir comme un rat. Je jouais Betty Bird, la tenancière de bordel dans *Demain matin, Montréal m'attend*, je l'ai rebaptisée Betty. Elle avait l'air de la grosse Betty.

Quand elle a commencé à être malade, à plus de vingt ans, je m'en suis occupée, je la lavais comme une vieille femme, j'ai fait des soins palliatifs. J'ai dû la laisser partir, c'était déchirant, je ne voulais tellement pas qu'elle meure. Betty, c'était mon rapport avec la vie.

J'ai été triste pendant une année. Puis, un été, on faisait des rénos à la maison de campagne, et la fille de l'entrepreneur nous a expliqué son dilemme : elle avait un chien à donner, un caniche. Bof! Je préfère les chats, et, les fois où j'ai eu un chien, il était gros, surtout pas un caniche, je trouve ça niaiseux. Je ne voulais pas lui faire de la peine, je ne lui ai pas dit tout ça, mais, pour être gentille, j'ai demandé : «Pis, comment il s'appelle, ton caniche?» «Betty.» Je ne la croyais pas : elle avait un chien à donner et il s'appelait Betty. C'était un signe.

Le lendemain, la fille est revenue à la maison avec Betty, qui m'a sauté dans les bras, je pleurais, elle a léché mes larmes, et on ne s'est pas quittées depuis.

J'ai fait mon deuil de l'autre Betty.

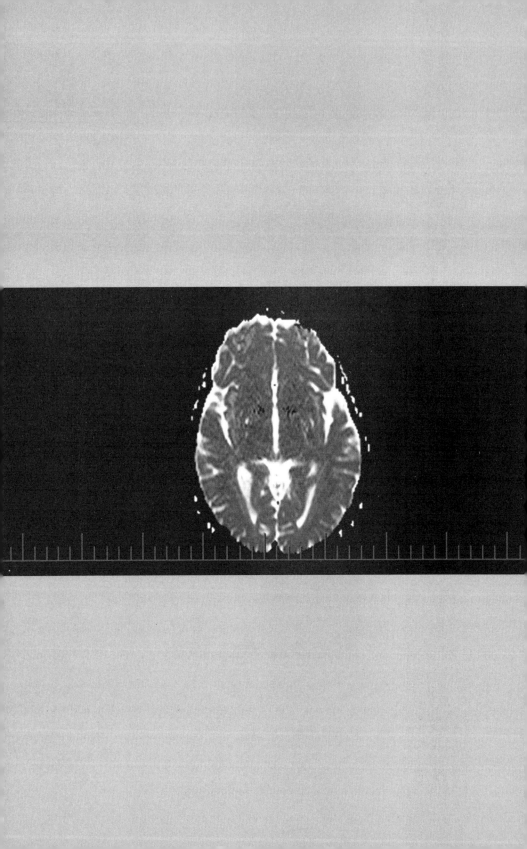

CHAPITRE 6

1980 : *Starmania*, cocaïne, et cetera

En 2013, on estimait qu'environ un pour cent des Canadiens de plus de 15 ans avaient sniffé de la coke. Tous n'étaient pas accros, et ne le sont pas devenus. La vaste majorité des consommateurs se contentent d'une ligne récréative ou deux, le samedi soir. Une poignée d'autres, moins chanceux, ne pourront plus s'en passer. Pourquoi ?

La science se pose aussi la question. Les facteurs seraient multiples : l'hérédité, la personnalité, le milieu de travail, le cercle d'amis, etc. Des chercheurs anglais pensent avoir trouvé un début de réponse dans le cerveau : les cocaïnomanes auraient en commun une anomalie d'une région du crâne appelée «les ganglions de la base», là où loge le «système de récompense». Ils retireraient de la poudre blanche un plaisir si intense, un bien-être si gratifiant, qu'ils n'hésiteront devant rien pour s'offrir un gramme de plus. Et creuseront leur tombe à coups de pailles.

Ce sont des scanners de mon cerveau. Je les ai sur un CD, et je les ai beaucoup regardés parce que je trouve ça beau, troublant. Je n'en avais jamais vu, et je n'en avais jamais passé. On m'a scanné la tête, l'hiver dernier, quand je me sentais toute croche et que les médecins en cherchaient la cause. Ils ne l'ont pas trouvée, mais la radiographie a révélé des taches blanches intrigantes.

J'ai devant moi une copie du rapport, dont voici quelques extraits choisis:

On note l'existence de très nettes anomalies de signal de la substance blanche, à prédominance sous-épendymaire, notamment dans les régions frontales bilatérales, qui sont non spécifiques, mais évocatrices de séquelles de leucoencé-phalopathie athérosclérotique. [...] On retrouve une veine dilatée au niveau d'un fond du sillon temporal postérieur, qui correspond à la veine de Labbé, qui correspond à une variante de la normale, sans aucune signification pathologique...

Ce que j'ai compris de leur jargon médical: normale-ment, ces taches apparaissent après un AVC, dans le cas d'un alzheimer très avancé ou de grave problème de choles-térol. Sauf que le « normalement » ne s'applique pas à moi. C'est d'ailleurs écrit dans le rapport : « une variante de la normale »…

On m'a demandé si j'avais eu un traumatisme ; j'ai eu à expliquer mes sept années de dépendance. Je sais que j'en garde des séquelles, et je me doute bien que la cocaïne a brûlé plusieurs de mes cellules nerveuses, comme elle a brûlé ma cloison nasale – c'est pour ça que je renifle souvent. En est-ce la preuve ?

Comment le savoir, puisque c'est mon premier scanner ? Peut-être les ai-je depuis longtemps dans la tête, ces taches ? J'ai oublié de dire au médecin qu'enfant, je me frappais le front sur le mur, le frigo ou le plancher, et ça rendait ma mère folle. Mon cerveau « bouillonnait », c'est le seul mot qui me vient à l'esprit pour expliquer la sensation. Il était hyper-actif et je voulais que ça arrête. J'ai l'impression d'être née avec plus de neurones que les autres, ce qui ne veut pas dire plus intelligente. J'avais une facilité déconcertante pour apprendre, autant les leçons à l'école que les chansons et les répliques au théâtre, même des tirades longues à n'en plus finir dans *Les Troyennes*. Je n'ai plus ma mémoire d'antan. Mais, quand même, malgré tout le mal que j'ai fait subir à ma tête et à mon corps, la machine roule encore plutôt bien.

Chaque jour ou presque, je m'étonne de ne pas être plus amochée. Oui, j'ai été touchée par la grâce. Logiquement, je devrais être six pieds sous terre, poussière redevenue poussière.

LA CHUTE, DE A À Z

J'ai si souvent raconté mes années passées le nez dans la coke que ça me sort par les oreilles, et me répéter m'agace terriblement. Mais puisqu'il le faut, allons-y, pour une dernière fois, avec plus de recul, plus de contexte. Plus de franchise, aussi.

En 1980, j'ai trente-six ans, trois jeunes enfants à charge, une carrière à relancer, une vie à reconstruire. J'étais femme de médecin installée à Chicoutimi, me voilà séparée et mère monoparentale à Montréal. Le mariage a duré deux ans. Un échec difficile, dont je suis l'unique responsable. J'étouffais, je suis partie. J'aurais pourtant juré que cette fois serait la bonne. J'avais tout fait, tout accepté, pour concrétiser mon rêve de stabilité, de famille normale. Conclusion : ce fantasme n'est pas pour moi, ne l'a jamais été et ne le sera jamais. Pire : la quête d'équilibre m'a encore plus déséquilibrée.

Je suis donc retournée à la case zéro. C'est aussi ce qui me reste à la banque. J'ai besoin de travailler.

Une version made in Québec de *Starmania* est annoncée. L'opéra rock a été créé sur scène, l'année d'avant, à Paris, avec Fabienne Thibault, Nanette, Diane Dufresne, France

Gall, entre autres. Aucune d'elles ne fera partie de la distribution, entièrement renouvelée.

Comme d'autres chanteuses à voix, j'auditionne pour jouer Stella Spotlight chez Luc Plamondon, à Outremont. On se connaît du temps où j'étais choriste de Diane Dufresne, mais sans plus. Olivier Reichenbach, le metteur en scène, est aussi présent. Bingo : je suis l'heureuse élue.

Je me souviens d'une répétition, dans un studio avec un pianiste, où on répète *Les adieux d'un sex-symbol*. Cette grande chanson exige « une prouesse lyrique », comme a dit Michel Berger, son compositeur. J'ai ce qu'il faut pour l'interpréter, sauf la note finale dans la version originale : « en technicoloooooooooooor ». Je ne veux pas la pousser de façon aussi aiguë. Et il n'est pas question d'imiter ou de « remplacer » Diane Dufresne. D'ailleurs, personne ne peut se comparer à elle. Je décide de trouver ma Stella. Et on m'encourage à le faire. La sienne, provocante, lui ressemblait. La mienne est vulnérable. C'est une actrice sexy qui ne veut pas vieillir, qui pressent sa fin et veut tirer sa révérence avant qu'on lui montre la porte… Stella et moi, on a à peu près le même âge, qu'elle trouve très avancé :

> Je n'ai plus l'âge de mon image…
> J'ai déjà l'âge de tourner la page…
> Un jour je dirai bye bye…
> Bye bye ma jeunesse…

Effrayant comme c'est triste, mais c'est beau !

Un tel spectacle à grand déploiement et tout le tralala, c'est du jamais vu au Québec. Il y a une grosse équipe, un disque, une tournée, une centaine de représentations. La pression est énorme, et mon expérience de comédienne, bien petite. L'angoisse. Vais-je réussir à l'incarner, cette femme complexe? Plus naïve que téméraire, je suis le genre de fille qui plonge sans savoir nager. Ensuite, pro du système D, je m'arrange pour ne pas couler. Je fais ça depuis toujours, avec une bonne moyenne au bâton. Je le ferai aussi avec Stella.

Et, selon mes camarades de scène, le milieu artistique, les critiques, je m'en sors très bien. Trop, même.

Mon interprétation se transforme en identification. Non pas au côté aguichant de Stella le sexe-symbole, qui me collera à la peau malgré moi. Mais au reste.

À ce qu'elle pense: «J'ai passé ma vie/À ne rien faire que ce qu'on m'a dit…», une phrase que j'aurais pu écrire si j'avais eu le talent de Luc, car c'était mon histoire.

À son déséquilibre, qui fait écho au mien: «Seule sur mon Acropole, je sens que je dégringole…»

À sa fragilité, son mal de vivre, son envie du néant. Moulée dans ses costumes et glissée dans sa tête, j'implore: «Laissez-moi partir, laissez-moi mourir…» Et je quitte la scène sur ces paroles: «Ce soir j'irai voir, à travers le miroir, si la vie est éternelle.»

Je la comprends, Stella! Elle n'en peut plus, et moi aussi.

Par où commencer?

Par ma fausse-couche? Par l'échec de mon mariage?

Par la psychanalyse, commencée après la perte de mon bébé? J'ai fait une grossesse ectopique deux années auparavant, qui a nécessité une opération qui m'a presque tuée. Chaque séance me perturbe, des flash-back très dérangeants remontent à la surface.

Par Dominique? Ma fille a maintenant l'âge que j'avais au début de ma relation trouble avec mon père. Je la regarde et je me vois, petite, innocente, si pure…

Par la mort récente d'un de mes frères dans un accident d'auto?

Oui, laissez-moi partir, laissez-moi mourir…

Stella m'habite, je suis hantée. Je n'ai pas assez d'expérience comme actrice pour me protéger, et j'ai peine à quitter le personnage, une fois le rideau tombé.

C'est alors que je sniffe ma première ligne.

Quand était-ce, où et avec qui? Who cares. Ça n'a aucune importance. Je n'ai rien oublié, le moment est gravé dans ma mémoire, mais je ne donnerai pas de détails. La coke est à la mode, glamour, chère et de bonne qualité, associée aux vedettes, aux discothèques et à la jet-set, même Joe Dassin en prenait[*]. On m'en avait souvent proposé, mais

---

[*] Joe Dassin a été arrêté en 1979 pour possession de cocaïne. La vraie histoire est que la drogue était sur son amie, mais il a déclaré que c'était pour lui.

j'avais toujours refusé. Sauf cette fois-là. L'envie de faire comme tout le monde, d'être cool, la curiosité, aussi, sûrement.

En 1980, sans être une sainte, que Dieu m'en préserve, « je suis sage comme une image… », pour citer Stella dans *Les adieux d'un sex-symbol*. Je ne fume pas de hasch ou de mari, je bois deux verres et je suis saoule. Ma sagesse, oh boy, elle ne sait pas encore ce qui l'attend…

Cette première fois est une révélation, et elle est extraordinaire. L'effet de la coke est différent pour chaque personne. Elle ne déforme pas ce que tu es, elle le précise. J'ai besoin de confiance en moi ? La drogue va la doubler, la tripler, la quadrupler. Une ligne, et je deviens plus cérébrale ; moi, d'habitude si viscérale. Ça me fait un bien fou. Je me découvre en être pensant, je peux raisonner, pas seulement réagir aux impulsions et aux émotions. J'aime aller là où la poudre m'amène, ce qu'elle m'apporte.

Parenthèse. J'ai l'air d'en faire la promotion. Bien sûr que non. Mais je dois expliquer pourquoi et comment c'est arrivé, d'une manière honnête, sans être faussement politically correct ou jouer la réchappée qui veut donner le bon exemple. On ne devient pas cocaïnomane par hasard. Dans mon cas, le timing a été déterminant. J'étais perdue dans un tunnel qui menait droit au suicide : la drogue a stoppé mon élan, et m'a sauvé la vie. Paradoxal, certes, et j'en conviens. Après, elle m'a presque tuée. Difficile à avouer, mais je ne regrette pas du tout d'y avoir goûté, je regrette par contre d'y avoir autant pris goût, et trop longtemps. Cesser d'en consommer a été l'un des grands deuils que j'ai eu à faire. Jamais je ne l'aurais cru, mais la coke ne me manque plus. Fin de la parenthèse.

Rapidement, en quelques semaines, je deviens accro, mais je contrôle mon envie, comme quelqu'un qui fume trois cigarettes, le soir, pour relaxer. Personne ne s'en rend compte. J'en ai toujours un petit sac sur moi, souvent dans mon soutien-gorge. Au début, un gramme – payé autour de 140 $, ou 400 en dollars actuels – dure une semaine, si je ne suis pas trop généreuse. Ensuite, ce sera deux ou trois grammes par jour, et mon sens du partage s'est émoussé. Le signe d'une dépendance ? En avoir et ne pas en offrir.

J'ai un surnom, « la balayeuse » : mes lignes impressionnent, pèsent un quart de gramme et disparaissent d'un coup. Quand j'ai trop mal au nez, je me la fais *shooter* dans le palais avec une paille.

Les premières années, je travaille beaucoup, dopée par la coke, toujours en manque de liquidité. Je fais tous les *Bye Bye*, je coanime une hebdomadaire à Radio-Canada, avec des allers-retours fréquents aux toilettes… J'invente une infection urinaire pour expliquer mes absences répétées. J'ai des contrats de choriste et, sur certaines productions, je demande à être payée en drogue, et je ne suis pas la seule à le faire. Pure question d'efficacité : le cachet va servir à se poudrer les narines anyway.

Bientôt, j'ai les deux pieds dans le monde interlope. J'achète et je vends. Sinon, comment subvenir ? Godmother à très petite échelle, j'ai un minilabo maison, où je coupe la marchandise un peu, mais pas trop, car je veux garder ma réputation, et une clientèle capable de payer, dont quelques gros noms du showbiz… J'ouvre boutique tard le soir, à partir de minuit, l'heure où on n'en trouve plus. Jamais je me déplace, on vient chez moi ; je suis bien située, en face du parc Lafontaine, en plein milieu artistique.

Mon petit commerce n'existe pas dans le but de faire fortune, uniquement pour me droguer. Je me fournis auprès de plusieurs personnes, et non à quelqu'un en particulier. C'est ce qui me sauvera, le jour où je serai kidnappée par un gang. Enfin, je le pense, car je ne leur ai pas demandé. Comme dans un mauvais film, je me retrouve attachée sur une chaise, un bandeau sur les yeux. On me l'enlève pour me menacer d'un couteau qui glisse à un pouce de mon visage, puis d'un revolver posé sur ma tempe, j'entends encore les chiens japper tout près, on veut que je parle, mais si je parle, je vais me faire descendre par un autre groupe, et si je ne parle pas, ce sera quoi, la lame ou le gun ? La suite est nébuleuse, parce que je suis gelée comme une balle, mais je m'en sors indemne, je ne sais plus comment, je reprends mes sens en position de fœtus sur un bout de trottoir du boulevard Saint-Laurent…

Cette époque est dramatique, complètement hystérique, terrible. Le pire des pires cauchemars. Je n'ai plus de contrat pour jouer, on ne me fait plus confiance. Tout le monde dans le métier s'est passé le mot ; d'ailleurs, mon allure parle d'elle-même. J'ai l'air d'une morte-vivante, et je me sens comme ça aussi, une zombie speedée qui reçoit de l'aide sociale, mais qui a besoin de 10 fois plus ; qui emprunte du cash à gauche à droite qui passe des journées à étudier le va-et-vient d'une banque en imaginant mille façons de la cambrioler ; qui vole, qui ment ; qui envoie sa fille adorée chez son père en Floride et ses deux fils chez les amis ou les voisins parce qu'il n'y a rien à manger et que l'électricité est coupée ; qui déménage en se sauvant sans payer ; qui ne dort plus, parce que le sommeil réveille les monstres ; qui devient schizophrène ; qui parle aux arbres, ce qui n'est pas si fou que ça, vous me direz, sauf que les arbres me répondent... Et qui, un jour, décide que c'en est assez. Laissez-moi partir, laissez-moi mourir...

Mais on me sauvera, malgré tout, malgré moi.

Stella, dans *Starmania*.

CHAPITRE 7

Un jour à la fois, mon Dieu

———————

Il est petit, tout noir, magané sur les bords. On le devine : il a du vécu, une histoire à raconter. Le ruban gommé censé le protéger a beau s'effriter, la couverture résiste. Et persiste à rappeler son mantra à celle qui l'a reçu en 1988, puis traîné partout pendant des années : Vingt-quatre heures par jour.

Ce compagnon de route des Alcooliques anonymes vers la sobriété, France croyait l'avoir égaré. Il reposait au sous-sol dans une boîte, témoin du tumulte d'hier. Un survivant à de multiples déménagements, rare artefact de son passé dont elle n'a jamais pu se départir.

Tout de suite, ses mains l'ont reconnu. Les premières et dernières pages, blanches à l'origine, sont couvertes de notes personnelles

(« *meeting jeudi 8 h 30* »), *de prénoms (Paulette, Diane, Jerry, Nicole, une hôtesse de l'air…) et de numéros de téléphone. Tout éveille en elle une résonance.*

De longs passages, surlignés de diverses couleurs, vert espoir ou bleu océan, révèlent une manie de lectrice compulsive armée d'un marqueur. Et cela, dès les premières phrases, avec un proverbe sanskrit en jaune canari :

> *Admire ce jour, car il est la vie*
> *La vie même de la vie*
> *Tout est là, dans sa courte durée*
> *Toute la réalité, toute la vérité de l'existence […]*

Si, comme le croient certains, les objets ont une âme, alors ce livre en possède sûrement tout une.

Il est petit, mais lourd. C'est comme si je prenais mon catéchisme d'école primaire, comme une loi divine que j'ai transgressée. Ce livre a joué un rôle crucial dans ma vie, et représente un passé toujours présent. Je ne peux pas le lire sans me revoir où j'étais à l'époque, où j'en étais dans ma désinto. Je le *sens*.

On me l'a donné au premier meeting, avec un autre livre, *Les douze étapes*, que j'ai encore aussi.

Ces étapes, je les connais par cœur. La huitième ? « Nous avons dressé une liste de toutes les personnes que nous avi-ons lésées et nous avons consenti à réparer nos torts envers chacune d'elles.» Cette action de repentir, je l'ai répétée 10 fois, 20 fois, 30 fois, je la refais quand je sais que j'aurais pu être plus gentille, plus généreuse. Un rituel qui fera partie de ma vie jusqu'à ma mort.

À ce même premier meeting, j'ai appris l'histoire de Bill W., l'Américain alcolo qui a fondé ce mouvement dans les années 1930. Les 10 commandements, c'est Moïse, les 12 étapes, c'est Bill. Le principe est le même, qu'on soit AA, NA (Narcotique anonyme) ou CA (Cocaïnomane anonyme ou, comme je disais en blaguant, Chanteuse anonyme): le livre et ses étapes aident à rester sobre, un jour à la fois. Il aide surtout à croire qu'on va y arriver.

Les *meetings* AA et CA ne se ressemblent pas. Une question de personnalité. Les ex-cocaïnomanes font des deals entre eux, leur vraie nature se recrée sans substance. Quand ils s'en sortent, ils ont des gros chars, des grosses jobs, des gros muscles. Les AA et les NA? Ils sont tous momentanément en dépression.

Une cure dure trois semaines, avec un suivi. J'en ai fait deux à la Maisonnée d'Oka, devenue la Maisonnée de Laval. À ma première tentative, la clientèle était mixte, donc il y avait des hommes. C'était distrayant… Je n'étais pas prête, ou je n'avais pas vraiment touché le fond. Après moins d'un an de sobriété, j'ai rechuté. La raison? Elle est à la fois très simple et complètement absurde.

Un jour, dans une cachette que j'avais oubliée, un sac de tricot avec un faux tricot pour donner le change – j'étais très inventive pour cacher ma drogue -, j'ai trouvé une belle réserve de cocaïne. My God, que faire ? J'avais le cœur qui débattait. En désinto, on te répète tout le temps qu'il faut « appeler avant de consommer plutôt qu'après ». Je m'en suis souvenue.

J'ai appelé un membre. Il est venu et m'a dit : « Oui, bonne idée, vends-la pour payer tes dettes, mais avant, par honnêteté, il faut en déterminer la qualité. » On a goûté, et on a tout sniffé en une semaine. Il y en avait pour plusieurs milliers de dollars. Une fortune. Et j'étais presque à la rue avec mes enfants, harcelée par des pushers qui voulaient que je les rembourse, et qui me disaient : « Ta belle petite face, on va te l'arranger. » Ce à quoi je répondais : « Si vous me laissez pas ma belle petite face, je pourrai pas travailler et vous payer. » Ouf ! C'était assez pour vouloir en finir.

Et j'ai essayé. Une fois. Deux fois. À la deuxième, j'ai avalé des médicaments, et j'ai quasiment réussi mon coup. Un ami, le comédien Pierre Collin, m'a trouvée inconsciente avant de m'amener à l'hôpital. Après le lavage d'estomac, il est revenu me voir et m'a demandé : « France, en as-tu assez ? » J'entends encore mon cri effrayant, animal, primal, tout ce que vous voudrez : AAAAAAAAAAAAAAAAH ! Un cri immense. Suivi d'un : « Oui !! »

Et je suis retournée à la Maisonnée, où j'ai été accueillie et secourue par Paulette Guinois.

DIEU ? IL EST PARTOUT

La première étape chez les AA, essentielle, est souvent la plus difficile à franchir pour qui ne croit en rien : s'en remettre à une puissance supérieure. Il faut accepter que sa propre volonté ne suffira pas. Je me souviens d'un gars incapable de nommer quelque chose de plus fort que lui. Finalement, il a trouvé : son camion. Il en avait un gros, d'une puissance supérieure… Je le jure, ce n'est pas une blague.

Les agnostiques qui ne peuvent pas admettre le mot « Dieu » sont mal barrés : Dieu est mur à mur dans le livre. Je prends un extrait au hasard :

« Quand vous êtes uni à Dieu, Sa force vous fait conquérir la vie. Votre puissance de conquête est la grâce de Dieu. Il ne peut y avoir de véritable échec avec Dieu. Voulez-vous réussir votre vie ? Alors vivez le plus près possible de Dieu, maître et source de toute vie. »

Dieu, Dieu, Dieu, tout le temps, dans chaque phrase ou presque, ça peut fatiguer en p'tit Jésus.

Je me considère comme un brin fêlée, mais intelligente. Ni judéo-chrétienne ni bête, mais prête à tout accepter. On me donnait une recette qui, paraît-il, fonctionne depuis des années. Parfait, je vais la suivre à la lettre.

Heureusement, remettre mon sort et ma guérison entre les mains d'une puissance supérieure a été bien plus aisé que pour le gars au camion.

J'ai toujours cru qu'il existe quelque chose de plus grand que mon humanité, de plus fort que ma volonté. Mais je n'aime pas parler de ma foi; quand je le fais, je ne l'ai plus. C'est trop personnel.

Ce livre, je n'ai pas à le juger. Je l'ai lu, relu, rerelu. Il m'a gardée clean un jour à la fois pendant des années. La première fois où je l'ai ouvert, j'étais tellement gelée, je lisais des phrases, je voyais des mots que je connaissais, mais je ne comprenais rien.

Même si j'étais une « vedette » qui avait quatre *Bye Bye* derrière la cravate, joué dans plusieurs téléromans et vendu quelques centaines de milliers de disques, je me suis mise à genoux comme les autres. Je n'avais plus d'ego, j'étais incapable de réfléchir. Aujourd'hui, je comprends comment des gens, complètement au bout du rouleau, fragilisés, sont récupérés par des sectes. J'aurais pu tomber dans la bondieuserie, devenir une illuminée. J'avais tout pour que ça m'arrive, parce que je suis une exaltée, comme mon père et d'autres membres de ma famille. Étonnamment, je suis restée qui je suis. Je me suis servie du livre, j'ai pris ce qui faisait mon affaire, et j'ai laissé faire le reste. Par la suite, je suis allée vers d'autres sources qui me parlaient plus, comme le bouddhisme.

Bien plus tard, en le relisant, j'ai compris que ce livre contient, malgré l'omniprésence du mot Dieu, de grandes lois spirituelles universelles.

ET TOUS CES NOMS...

Le livre me servait aussi de carnet d'adresses, d'aide-mémoire. Et, quand presque trente ans plus tard, je regarde ce que j'y ai écrit, je lis des noms, et, derrière eux, je revois des amis, des amants, des gens qui m'ont secourue, encouragée, d'autres que j'ai aidés, peut-être même sauvés, des anecdotes... Plusieurs d'entre eux sont morts.

Chez Paul

C'était un restaurant, rue McEachran, à Outremont. J'habitais au-dessus. Après ma désinto, je n'avais plus rien, à part l'envie immense d'aider mon prochain, comme on m'avait aidée et sauvée. Alors, j'aidais le proprio, Paul, le p'tit Paul, qui n'est plus là... J'ouvrais son resto, je lavais les planchers. Je trouvais cela très bien, je méritais cela. Je prenais l'autobus avec du linge emprunté pour aller travailler, participer à une émission, quand on se souvenait de moi, et je trouvais cela correct. Bien sûr, je n'étais pas fière de quêter dans les presbytères des bons d'épicerie pour nourrir mes enfants. Avais-je le choix? Non. Alors, aux grands maux les grands moyens. La volonté de m'en sortir a fait le reste.

Bruno

Un acteur talentueux, gay, qui était dans la chnoute…

Nicole, l'hôtesse de l'air…

Elle avait l'air d'une religieuse…

Sylvie

Une call-girl de haut niveau, refaite de A à Z, arrivée en désinto dans un manteau de vison. Elle nous avait montré comment faire une pipe en glissant un condom sans que le client le sache. Tout un personnage !

Rolande

Mon Dieu, Rolande ! Une narcomane. C'est moi qui l'ai accueillie à la Maisonnée. Après trois mois de sobriété, j'étais bénévole, le week-end, et les « nouveaux » rentraient au centre le dimanche. Rolande est arrivée, un sac plein de pilules collé sur sa poitrine. J'ai négocié avec elle pendant des heures et des heures pour qu'elle me le donne et puisse entrer. J'ai fini par gagner, j'ai flushé ses pilules, elle pleurait… Quelle souffrance !

Tout cela m'a nourrie comme être humain, et aussi comme actrice. Parce que j'ai vu et vécu tant de choses extrêmes, je suis capable d'aller dans des zones très sombres de mon cerveau. Et je n'ai pas peur.

Au fil du temps, j'ai aidé plusieurs comédiens, des metteurs en scène, des hommes et des femmes, des gros noms du milieu artistique aux prises avec les mêmes démons, mais qui refusaient de se joindre aux AA et de risquer que cela s'ébruite.

Moi, tout le monde savait par quel enfer j'étais passée, ma chute comme ma réhabilitation étaient du domaine public. Une notoriété que je n'ai pas cherchée ni désirée. Je me dis parfois que, l'une des raisons qui ont fait que j'en suis sortie vivante, c'est pour en parler.

Alors, j'en parle.

Il m'arrive encore d'aller aux réunions, quand on m'invite. La dernière fois, un acteur connu célébrait ses cinq ans de sobriété, et il avait demandé à ce que je lui remette son jeton d'anniversaire, et son gâteau. C'est la tradition.

La première année, un AA, un NA ou un CA reçoit tous les trois mois un jeton, qui ressemble à un chip de poker, sur lequel il y a un conseil : le fameux « Appelle avant de boire », par exemple. Après un an, on te donne un gâteau, qui peut être un simple muffin, mais qu'il faut partager symboliquement avec les autres. J'en ai remis des gâteaux, une quinzaine au moins.

Chaque fois, tout me revient : mon arrivée à la Maisonnée, la noirceur terrible des premiers jours, la remontée, marche par marche, palier par palier… Je ressens alors une drôle d'émotion, plus heureuse que triste. Comme si je reprenais contact avec la force de la vie.

CHAPITRE 8

En thérapie, en thérapie, je vous le dis

« Connais-toi toi-même. » Cette devise, attribuée à Socrate (certains disent à Platon, mais nous ne trancherons pas ici), France l'a appliquée à la lettre. Psychanalyste, psychologues, thérapeutes et tutti quanti : ils ont été nombreux à l'écouter, l'analyser, la sonder. Sa soif d'apprendre qui elle est et de comprendre pourquoi elle l'est demeure inextinguible, même après des années d'introspection.

C'est qu'il est grand, le mystère du soi.

La fin de l'émission *Pour le plaisir,* au printemps 2015, après huit ans, a été difficile à encaisser. Un vrai choc : celui de ne plus travailler tous les jours, de ne plus rire tout le temps avec Michel Barrette. La science l'a prouvé, je crois, le rire stimule la production d'endorphines. Eh bien, ces damnées hormones me sont très salutaires.

À l'automne, ça n'allait pas. Vraiment pas. Mes cycles, je les connais, et novembre est un mois que je déteste et que je redoute. Mes deux tentatives de suicide ont eu lieu le 9 novembre. Avec les années, je suis devenue ma propre thérapeute, je sais que je suis sujette aux dépressions saisonnières, je pose mon diagnostic : un manque de lumière.

À mon 65e anniversaire, les Flowers (les comédiennes qui ont joué avec moi dans la pièce *Fleurs d'acier* et le spectacle de chansons *Le blues du toaster*), tristes ou tannées de me voir faner chaque automne, m'avaient donné un kit de luminothérapie. Je l'ai dépoussiéré, allumé. Et, comme j'avais plus de temps libre, je me suis remise à méditer.

En vain.

J'avais des grosses migraines, alors que je n'ai jamais eu mal à la tête. Je me suis retrouvée à l'urgence, craignant un AVC. Hospitalisée, j'ai passé une batterie de tests et on n'a rien trouvé. Donc, la source du problème n'était pas physiologique. Le hasard fait bien les choses parce que, dans une librairie, j'ai acheté mon médicament : *Le processus de la présence.* À vue de nez, on pourrait classer ce livre dans la case «croissance personnelle», une expression quétaine et réductrice. Malgré les apparences et ma célèbre quête d'épanouissement personnel, je ne suis pas une boulimique de littérature psycho pop… même si, je l'avoue, j'ai eu ma période Shirley MacLaine, mais personne ne le sait. Je préfère les guides de méditation, les ouvrages tibétains – j'adore Matthieu Ricard, j'ai assisté à ses conférences.

Au départ, attirée par le titre, mais rebutée par la page couverture, laide comme ça ne devrait pas être permis, j'ai feuilleté le livre, presque malgré moi. Et je suis tombée sur l'avant-propos, une citation de Roumi, un poète persan du 13e siècle :

«L'être humain est un lieu d'accueil. Chaque matin un nouvel arrivant, une joie, une déprime, une bassesse, une prise de conscience momentanée émergent tels des visiteurs inattendus. Accueillez-les et choyez-les tous! Même s'ils sont une foule de chagrins balayant violemment votre maison et la vident de ses meubles, traitez chaque invité honorablement. Ils peuvent vous débarrasser du superflu en vue d'un nouveau ravissement.»

J'ai lu ça, et je me suis dit : bon, c'est là où je suis rendue. J'aime cet engagement personnel d'accueillir ce qui arrive, le bon et le moins bon. J'ai eu soixante-douze ans. Je n'ai plus le temps de «tasser les affaires», mon expression qui veut dire : remplacer ce que je ne veux pas voir par de l'agitation, par le déni, au lieu de m'attarder à ce que je vis et à ce que je suis, ici, maintenant.

Je ne fais pas la promotion de ce livre, je ne le recommande pas à mes proches. L'auteur n'est pas un copain, pourtant j'aimerais bien, car, selon ce que j'en sais, voilà un homme fascinant.

Ma relation avec ce livre est trop intime pour en dire davantage que ceci : il a fait une différence dans mon quotidien, il m'a rééquilibrée. Résultat : j'ai repris mon erre d'aller, je vais être bonne encore pour quatre ou cinq ans.

Comme quoi, on trouve toujours ce qu'on cherche.

SUR LE DIVAN

Très perturbée après le tournage de *Viens-tu faire un tour ?* et l'histoire abracadabrante de l'enveloppe emmurée, j'ai pris rendez-vous chez Nicole, ma psy, la même depuis plus de vingt ans, que je n'avais pas consultée depuis un bon moment. Et je l'ai revue ensuite pendant quelques mois, le temps de faire une mise à jour de mes bibittes, les pas tuables qui ont survécu à des années d'analyse, d'introspection, de grattage de bobos. Il y en a encore, mais beaucoup moins qu'avant.

Évidemment, à l'âge que j'ai, on sent plus sa finitude. J'y ai consacré des séances complètes à mes plus récents rendez-vous avec ma thérapeute. La mort, je l'ai défiée longtemps. J'ai joué avec ma vie. Des gens à qui je devais de l'argent m'ont menacée, un fusil sur la tempe. J'ai souvent rêvé d'en finir, et je suis passée à l'acte… Provoquer la mort plutôt que d'accepter qu'elle puisse surgir n'importe quand, c'était ma façon de ne pas admettre que je la craignais. Dans le fond, j'ai bien plus peur de perdre mes moyens que de partir, mais je ne suis pas pressée de m'en aller.

J'ai accompagné bien des gens dans leurs derniers milles : des amies, ma mère, ma sœur Diane. Je suis plutôt à l'aise avec le processus. Comme je ne suis pas athée, je crois à l'éternité, celle de l'essence de l'être humain, d'une certaine façon.

À la seconde où ma mère est morte – j'appelle ça déménager, c'est plus joli –, j'étais près de son lit avec mes quatre sœurs. Pourtant, je suis la seule à avoir vu une espèce de rayon électrique partir de son front. Je l'ai suivi du regard. J'avais déjà été témoin de ce phénomène insolite et impressionnant, et de toute beauté, mais jamais aussi clairement. Avoir accès à des choses que les autres ne voient pas ou ne sentent pas, c'est l'un des quelques avantages à ne pas être trop équilibrée !

MOI, PAS NORMALE

Étrangement, malgré mon instabilité héréditaire et mon mal à l'âme inné, j'ai réussi à fonctionner toute seule, donc sans aide professionnelle, jusqu'à plus de trente ans. En fait, quand je regarde des photos, je vois bien que je n'étais pas moi-même, je ne m'étais pas encore « trouvée » ; là-dessus, la cocaïne me donnera un bon coup de main.

Par contre, j'ai vite su que je n'étais pas « normale ». Ce qui ne veut pas dire « anormale ». Mais qu'est-ce que la normalité ? « Qui est dépourvu de tout caractère exceptionnel, qui est conforme au type le plus fréquent », selon le *Petit Robert*. Je ne prétends pas avoir quoi que ce soit d'exceptionnel, mais je me suis toujours sentie différente des autres, et je n'aimais pas cela, je ne l'acceptais pas. Je voulais entrer dans le moule, devenir une femme normale : avoir des enfants et m'en occuper à temps plein, un mari à dorloter, une maison à entretenir. Ma vision de la normalité, celle d'une femme née au Québec en 1944. En 1977, mère de trois enfants, j'étais à la tête d'une famille dysfonctionnelle, et je n'en pouvais plus, pour eux, pour moi. Il me manquait un mari, ils leur manquaient un père, et la maison suivrait sans doute. J'en ai trouvé un, médecin, gentil et beau, qui ressemblait à Omar Sharif et vivait à Chicoutimi. J'avais un rôle régulier dans *Du tac au tac,* une télésérie de succès à Radio-Canada, je venais de lancer *En corps à cœur,* mon disque le plus personnel, sur lequel il y avait une chanson au titre révélateur : *Comme tout l'monde…* Peu importe, j'ai tout laissé pour le rejoindre.

Qui dit mari, dit mariage. Photographes et journalistes ont fait le voyage de Montréal pour couvrir l'événement. Ma nouvelle vie a commencé. J'avais enfin ce dont je rêvais ; j'étais heureuse, je devais être heureuse. Cerise sur le gâteau de noce : j'étais enceinte... mais j'ai perdu le bébé à trois mois de grossesse, comme je l'ai déjà expliqué.

Tout s'est effondré.

Être une femme normale, ce n'était pas pour moi. Mon métier, Montréal, mes amis, tout me manquait, même si je m'appliquais à le nier. C'est à ce moment que j'ai cherché de l'aide professionnelle. Et je n'y suis pas allée de main morte : une psychanalyse. C'était très violent comme procédé, tellement que c'est peut-être l'une des raisons qui m'ont menée à la coke.

Retour à Montréal. J'ai divorcé, repris le travail. Et insisté auprès de mon psychanalyste pour continuer les séances par téléphone. On s'appelait, je m'allongeais, je vidais mon sac et je payais. Quatre ans de ce régime.

Je n'allais pas m'arrêter là. Parler à cœur ouvert, extérioriser ma douleur, c'était dur, oui, mais c'était bon aussi. J'ai continué pendant trois ans avec Yolande, une psychologue recommandée par une amie actrice. Ensuite, j'ai essayé plusieurs types de thérapies et d'ateliers, disons moins orthodoxes, basés sur des prises de conscience. Il y a eu entre autres Les vraies affaires, La 5e étape... et L'héritage, dont j'ai conservé le toutou qui me représentait. Il était mon enfant intérieur, que je devais consoler, materner. Un genre de régression. Quand on le regarde bien, on remarque qu'il n'a plus d'yeux ni de bouche, il ne les a pas perdus en chemin, je les ai enlevés, et je ne dirai pas pourquoi... Quand j'ai arrêté de fumer, je lui ai acheté un t-shirt de bébé avec la phrase : *Protégez mes poumons.* C'est à partir de lui, mon toutou, que j'ai appris à m'aimer. Mais son rôle est terminé, je dois maintenant m'en défaire.

Il y a quelques années, j'ai été initiée au reiki, une méthode venue du Japon. Une façon de faire du bien, à soi et aux autres, en canalysant l'énergie, avec l'imposition des mains, même à distance… Je n'entrerai pas dans les détails, c'est complexe, mais j'en parle comme une étape récente dans mon cheminement. J'attrape ce qui passe, j'essaie et je prends ce dont j'ai besoin. J'ai été bouddhiste longtemps, j'avais mon autel, mon chapelet, mon mantra… C'est bien de lâcher prise sur l'intellect, d'être ouvert. Ce qui peut arriver ensuite est assez étonnant…

Dit comme ça, on peut penser que je m'embarque dans des affaires qui n'ont pas de bon sens, des attrape-nigauds, mais non. N'empêche que j'ai vécu des moments bien rigolos, et je suis assez saine d'esprit – malgré tout – pour m'en rendre compte et en rire. Je me souviens que dans Les vraies affaires, on nous enseignait comment faire bouger quelque chose qui bloquait notre chemin, par la seule force de notre pensée. Je n'ai jamais réussi, mais j'ai remarqué que plusieurs participants portaient une espèce d'insigne : des raëliens ! Il y en a qui me reconnaissaient : « Ah tiens ! France Castel, t'es une extraterrestre, on t'attendait. » Ils m'attendent encore.

Avec toutes les thérapies suivies et les livres lus pour équilibrer le peu de santé mentale que j'ai, c'est intéressant, et quand même extraordinaire, de voir où j'en suis maintenant. Ma résilience et ma volonté y sont pour beaucoup.

Sans tout ce travail accompli sur moi-même, j'aurais certainement besoin encore de substance, drogue ou alcool. Je le sais aujourd'hui : la cocaïne me servait de médicament pour mon cerveau et ma psyché. Il n'a pas été remplacé.

Cette démarche personnelle aurait peut-être été moins ardue, moins longue – et aussi moins riche – si j'avais pris des antidépresseurs. J'en ai essayé un pendant quelques jours et j'ai arrêté, je me sentais comme une morte-vivante. Peut-être est-ce mieux ainsi. Qui me dit que ces pilules n'auraient pas changé les fondements de ce que je suis ?

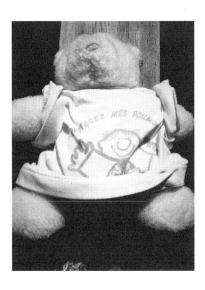

CHAPITRE 9

Mea culpa ou l'effet papillon

―――――――

Pas de maternité sans culpabilité, dit-on. Parlez-en à France. Le sentiment d'avoir été une mère indigne, une mauvaise mère, l'a longtemps submergée, étouffée, tuée, presque. Il est encore là, faussement endormi avec les années, l'autoflagellation et les demandes de pardon, toujours prêt à surgir et à frapper au cœur.

Elle n'en a jamais fait un secret: ses trois enfants sont nés – en 1968, 1970 et 1974 – de trois hommes différents. Deux des pères n'ont jamais été présents. Aujourd'hui, David, l'aîné, habite en Estrie, Benoît à Montréal et Dominique, la cadette, aux Bahamas. France est aussi six fois mamie, un rôle qu'elle adore et qu'elle joue, évidemment, à sa façon.

*France aborde sa culpabilité de mère avec une lucidité impla-
cable, qui la met à fleur de peau. Aucun autre sujet n'a un tel
impact, immédiat. Les yeux se noient, la voix casse. Et la vue
d'un chandelier d'étain en forme de papillon la chavire...*

Cette semaine, ma fille est partie en vacances en Europe.
On a eu au téléphone un échange très pénible... Tout allait
pourtant bien et, là, elle est revenue sur quelque chose qui
nous blesse toutes les deux: la qualité de ma présence. Elle
vit loin, je suis très occupée à Montréal, prendre l'avion m'est
impossible, im-pos-si-ble, ça me rend malade. Je ne compte
plus le nombre de fois où j'ai roulé jusqu'en Floride quand
elle avait vraiment besoin de moi. Avec Dominique plus
qu'avec ses deux frères, je me sens encore contrainte de me
faire pardonner notre passé commun, qu'elle essaie de rattraper
et qui ne se rattrape pas.

Dominique avait neuf ans quand j'ai dû la laisser partir
aux États-Unis chez son père. Il est le seul des trois hommes
qui a accepté de m'aider, et qui voyait bien que j'étais dans la
merde. Je n'avais pas le choix, je l'ai fait par amour. En 1983,
ma consommation de cocaïne s'accélérait. Au travail, à la
maison, j'arrivais encore à fonctionner. Mais je m'enfonçais,
je savais que le pire s'en venait...

J'ai une photo déchirante prise quand on s'est quittées à
l'aéroport.

Dominique a vécu toute son adolescence en Floride, à part l'année où elle est revenue chez moi. Mais elle n'a pas aimé l'hiver et est retournée chez son père.

En 2003, pour un livre au profit des Impatients*, j'ai écrit une lettre à ma Dominique. Elle avait trente ans, mon âge à sa naissance. Elle venait de mettre au monde son premier fils. Cette lettre, je ne peux la lire sans pleurer. Voici un extrait, à vous de la découvrir ; moi, je vais passer mon tour.

Oh ! Ma belle fille que j'aime tant ! Encore aujourd'hui, tu me manques tellement, comme si le temps ne rattrapait jamais tout ce manque que j'ai eu de toi.
Je voulais t'écrire une lettre d'amour, mais est-ce bien d'amour qu'il s'agit ou plutôt d'une demande de pardon…
Pardonne-moi encore et encore. Pardonne-moi !

Je sais qu'elle l'a lue, ma lettre, mais je crois qu'elle ne l'a pas reçue. Elle ne m'en a jamais parlé.

La blessure n'est pas guérie, ne le sera peut-être jamais. J'ai encore besoin de savoir qu'elle apprécie ce que je fais pour elle. Bien sûr, je n'ai pas été une mère parfaite, loin de là. Bien sûr, je ne suis pas une grand-mère comme les autres, enfin comme je les imagine, qui tricotent, cuisinent des bons plats et s'occupent de leurs petits-enfants. Je suis une grand-mère qui travaille ! Je suis disponible quand ils viennent me voir, ma petite-fille était à la maison, la semaine

---

* Les Impatients est un organisme montréalais qui vient en aide aux personnes atteintes de problèmes de santé mentale en privilégiant l'expression artistique.

dernière, avec son hamster… Mais tout ce que je fais aujourd'hui ne comble pas les manques d'hier.

Par contre, mes trois enfants n'ont pas manqué d'amour. Jamais, jamais. Je n'avais plus d'amour-propre, mais j'ai toujours eu assez d'amour maternel pour qu'ils vivent dans les meilleures conditions possibles. Quand j'ai arrêté de consommer, quand mes actions et leurs conséquences sur notre famille sont apparues dans toute leur triste réalité, sans thérapie, je serais morte.

Le poids de ma culpabilité était tellement lourd. Il m'a fallu des années pour que les remords deviennent tolérables. Alors, quand ma fille touche à cette plaie qui ne s'est pas refermée, c'est terriblement douloureux. Mais je n'irai pas me suicider, ni me droguer, ni remettre en doute mon existence au complet. Je ne me dirai pas : je ne vaux rien, ce que j'ai pensé très longtemps. Plus maintenant. J'ai appris à faire la part des choses. Je vais avoir mal pendant quelques jours, puis la douleur va s'en aller.

C'EST QUI, MON PÈRE ?

J'ai été la seule constance dans leur vie, et mes enfants le savent. Peu après le départ de Dominique, j'ai demandé au père de Benoît de le prendre avec lui pendant quelques mois. Mon fils y est allé, et est revenu après quelques jours. «Je suis trop vieux», m'a dit l'autre. Les hommes sont capables de faire ça. Nous, on les a dans notre chair, c'est viscéral. Mère un jour, mère toujours. Je comprends très bien les mamas italiennes qui ont un fils bandit, et qui disent aux policiers venus l'arrêter : « Mais, mon petit, il est très bien… »

Je ne sais pas comment mes garçons ont vécu le départ de Dominique. Ils étaient un peu plus vieux qu'elle, je les sentais plus forts, David, surtout. J'ai moins pleuré sur leur sort. Ils ont été témoins de ma déchéance. Mais je les ai beaucoup protégés. Par la suite, je les ai aidés : ils avaient la permission de m'en vouloir, de l'argent quand ils en manquaient, ma bien-veillance sans limites. Une mère qui se sent coupable cherche à s'amender. Je l'ai fait, j'ai tout fait, mais ça ne marche pas.

Un jour, David a voulu connaître son père, Alberto, un musicien d'origine italienne avec qui j'ai eu une aventure au tout début de ma carrière de chanteuse pour ensuite le perdre de vue. Andrée Lachapelle, en tournée théâtrale, l'a retrouvé à Asbestos, propriétaire de restaurant. David y est allé, ils se sont rencontrés, et est revenu avec un souhait : nous voir tous ensemble autour d'une table. J'ai accepté, j'ai préparé le souper. Alberto est mort peu après, sans même laisser un mot à son fils.

LA MÈRE ET LE PÈRE

La seule chanson que j'ai composée, *À mes enfants,* est sur l'album qui me ressemble le plus, *En corps à cœur,* qui date de 1977. Même si je l'ai écrite il y a quarante ans, et que je ne l'ai pas chantée souvent sur scène, les paroles me reviennent aisément :

C'est un dimanche avec eux
Et je les sens étonnés de ma présence
C'est un des dimanches chanceux
Je les entends questionner mon silence
Je ne suis pas là aussi souvent que je voudrais
Je suis la mère, je suis le père
D'une famille, je n'ai pas le temps des regrets
Je suis amère d'être le père…

C'était avant la coke, bien avant de sombrer. Élever seule trois jeunes enfants, je trouvais ça dur. Déjà, j'éprouvais une certaine culpabilité : notre famille n'était pas comme les autres… J'aurais tellement préféré leur en donner une fonctionnelle, stable. J'étais souvent absente, mes enfants en ont souffert, moi aussi. Mais je devais travailler. Je payais tout, la maison, la gardienne, la femme de ménage ; par chance, ma mère me donnait un coup de main. Et pas de pension alimentaire, sauf une, celle du père de ma fille, mais je mettais l'argent de côté pour elle.

J'ai l'espoir que d'avoir eu une mère qui s'assume complètement représente pour mes enfants un modèle de vie positif. J'ai raté beaucoup de choses, mais la franchise qui existe entre nous est l'une de celles que j'ai réussies. Ils ne se sentent pas obligés de venir me voir. Ils n'en ont pas envie ? Ils me le disent, et c'est parfait.

Paraît que les temps ont changé, mais ça dépend pour qui. Je le constate autour de moi : une mère est indigne si elle mène la vie qu'elle veut, une mère doit se sacrifier pour ses enfants. On oublie qu'une mère est aussi une femme qui a le droit de s'affranchir. Être à la fois mère et femme prend encore du courage.

« Ta liberté me donne aussi le droit d'être libre », m'a dit David. Et libre, il l'est. Pourtant, il a créé l'idéal d'une famille, avec Sophie, la même femme depuis des années, deux enfants. Mes fils ne me cachent rien, je sais tout d'eux. Ils m'appellent France, sauf à la fête des Mères : c'est *maman*, qu'ils écrivent dans la carte qu'ils m'envoient − ma fille, c'est *mother*. Chaque fois, cela me bouleverse. Ils me parlent comme à une amie qui s'appelle France, mais je suis aussi leur mère.

Avec le temps, j'ai compris que, ma culpabilité, je devais l'accepter, la ressentir, puis la laisser partir. Elle rappliquera bien assez tôt. C'est une émotion qui m'a presque détruite, mais qui m'a aussi rendue plus forte.

J'ai réussi à me pardonner, ce qui m'a permis de continuer à avancer, tout en me demandant, chaque jour de la vie qui me reste : ici, maintenant, qu'est-ce que je peux faire pour eux ?

ET LE PAPILLON ?

Il m'a été donné par David, à un moment… C'était à la fin des années 1990. Sobre depuis près de dix ans, j'avais perdu le goût de consommer, mais pas celui de mourir, qui revenait par intervalles. Et cette fois-là, en novembre bien sûr, le mois que je redoute le plus, j'avais décidé de passer à l'action. J'étais dans cet état d'esprit quand mon fils aîné m'a offert un cadeau. J'ai été très surprise parce que, des cadeaux, il n'en fait pas, et qu'une chandelle en papillon, c'est tellement pas son genre. Mais David est un artiste, un musicien, et il y a entre nous un drôle de lien, une connexion particulière. J'en avais un exemple.

Son cadeau, je l'ai reçu comme un message : *Ne le fais pas.* La chandelle était un signe de lumière, alors que j'étais dans la noirceur. Et le papillon, un signe de légèreté, de fragilité et, aussi, de force, puisque les monarques font le voyage du Québec au Mexique. Alors que, moi, je trouvais la vie trop lourde à supporter.

J'ai perdu le droit de me tuer. Le suicide n'est plus une solution. David ne sait pas tout ce que je vois quand je regarde la chandelle papillon, je n'ai jamais pu le lui raconter.

Il va l'apprendre dans ce chapitre.

France et ses enfants à Chicoutimi vers 1977.

Dessin de Dominique, 7 ans.

CHAPITRE 10

Mamie-vision

———————

Je suis une mère tigresse, pas une mère poule. Mes enfants sont ce que j'ai de plus précieux. Je les ai portés, les ai mis au monde et les ai élevés, toute seule. Et entre nous existe un rapport qui, heureusement, est en dehors de toute culpabilité. Un rapport fort intéressant et fort ouvert, dans un sens comme dans l'autre.

Je ne voulais pas parler pour eux. Je les ai donc invités à participer à ce livre, en leur réservant un espace de liberté, où ils pouvaient s'exprimer. Je leur ai dit : « Donnez-moi ce qui vous chante, un texte, un dessin, une photo. » Ils n'étaient pas obligés. J'aurais accepté un « Non, France, j'ai pas envie », comme je l'aurais fait d'une lettre de bêtises et de reproches, qui aurait été publiée. Ils avaient la permission totale de dire ce qu'ils voulaient. D'ailleurs, ils l'ont toujours eue. Peut-être qu'un jour, l'un d'eux écrira son témoignage, qui aura un titre du genre *Ma mère, France Castel, une maudite folle*. J'ai beau être une bonne tireuse de cartes, je ne peux pas lire mon avenir…

En attendant, tous les trois ont bien voulu m'offrir un peu d'eux-mêmes.

David, le plus vieux, m'a envoyé un poème par texto. C'est sa forme d'écriture, et c'est dans l'ordre des choses puisqu'il est le poète de la famille, le philosophe et un musicien. J'ai été émue, comme chaque fois que je les vois, lui et Sophie, avec leurs enfants… J'ai compris ce qu'il a voulu me dire. Ce ne sera peut-être pas clair pour tout le monde, mais tant pis.

> *l'énergie d'une intention*
> *alimente les vibrations*
> *d'une conscience amoureuse*
> *la douceur enveloppante*
> *et la sensibilité vivante*
> *d'une évolution lumineuse*
> *dans un espace infini*
> *deux pensées ont voyagé*
> *vers une spirale d'éclairs*
> *dans un monde défini*
> *la source d'une humanité*
> *l'amour de ma mère*

«L'amour de ma mère… » Ça, je crois que c'est clair.

Dominique, ma fille, a aussi choisi un poème, mais qu'elle a composé à sept ans. Je jouais dans *Starmania*, et elle a assisté au spectacle. Je n'ai pas eu loin à chercher dans mes souvenirs ; je le sais par cœur :

La chanteuse est lumineuse
Elle chante tous les soirs à la gloire. Et moi j'aime ça…

Dominique est une maman à temps plein. Comme moi, elle a trois enfants, deux garçons et une fille : William, l'enfant miracle et mon partenaire de poker ; Patrick, une petite bolle et mon partenaire pour ramasser les feuilles d'automne quand ils viennent me voir, et Noémie, le portrait de sa mère à un point tel que j'ai toujours l'impression de revoir ma fille à cet âge. On a été très fusionnelles, on l'est toujours, malgré la distance et les années. Il y a un sixième sens qui me relie à Dominique jusqu'aux Bahamas, c'est même assez troublant : je sais comment elle va, et vice versa, avant qu'on en parle.

Un jour – je dis un jour, mais ça m'a pris au moins un mois –, j'ai rassemblé dans un gros cahier toutes les lettres qu'elle m'a envoyées après son départ aux États-Unis chez son père, à neuf ans. Je l'ai apporté dans un magasin pour le faire relier, et l'employée qui a fait le travail s'essuyait les yeux en lisant les mots d'une enfant qui s'ennuie et qui veut communiquer avec sa mère… Des dizaines et des dizaines de lettres auxquelles j'ai répondu en m'arrachant le cœur. Et j'ai posté le tout à Dominique pour son anniversaire. J'en ai gardé une copie.

Benoît, c'est l'enfant du milieu. Un gars manuel, un artiste aussi, un musicien comme son frère David. Il m'a souvent donné des instruments de musique : un harmonica, des congas… C'est Benoît qui est resté avec moi le plus long-temps. J'ai toujours pensé que j'étais plus proche de l'énergie de David, et pourtant, Benoît et moi, on partage quelque chose de très semblable. Avec lui, j'ai des conversations très différentes de celles que j'ai avec son frère et sa sœur ; il a un intellect vraiment particulier. Un vrai pince-sans-rire, à l'humour un peu sarcastique.

Il a l'art de me surprendre, et il l'a fait encore en m'écrivant ce texte touchant, qu'il m'a lu au téléphone :

Dans la carrière de chaque artiste, il y a toujours un moment privilégié
où tous les éléments se rejoignent pour donner quelque chose de spécial.
C'est un temps où l'on se sert de tout ce qu'on a appris dans la vie et utilisé nos qualités et nos défauts.
Selon moi, ma mère, comme Proust, a plus appris de ses erreurs pour évoluer,

jouer juste et chanter avec émotion.
France Castel est aussi une mère forte et fière !
Et, quand je regarde ses beaux yeux bleus, j'y vois le feu.
P.-S. Maman je t'aime. Je suis et serai toujours fier de toi.
Benoît

Remarquez ce « France Castel » un peu solennel. Mes fils, et ma fille, ont toujours fait la différence entre la femme publique, la vedette, et leur mère. Benoît sait bien que ce texte sera publié, lu par d'autres. Peu importe, je suis certaine qu'il n'en pense pas moins.

Mes enfants m'ont donné le plus beau des cadeaux : des petits-enfants. J'en ai six, pour lesquels je suis une mamie cool. Je le sais, ils me le disent.

J'ai un beau lien avec Clémence, la fille aînée de David, qui a aussi un fils, Philippe, le sportif. À quinze ans, elle commence à me confier des choses qu'elle ne dit pas à ses parents. Pure coïncidence, le jour de sa naissance, j'étais à Sherbrooke en tournée avec la pièce *La mort d'un commis voyageur*. Je l'ai tenue dans mes bras alors qu'elle n'avait que quelques heures…

J'ai tourné une publicité pour le lait avec Clémence, c'était son désir. Et Charlotte, la fille de Benoît, fait une apparition dans le dernier film de Forcier, elle me l'a demandé. Charlotte était bébé quand j'ai commencé *Pour le plaisir*, qu'elle regardait tous les midis – cela donnait un break à son père. Elle voyait sa mamie à la télévision, un mot qu'elle n'arrivait pas à prononcer, donc je suis devenue sa « mamie-vision ». Elle en a même fait un dessin, que j'ai sur le mur de mon bureau. Elle a huit ans et m'appelle encore parfois comme ça, mamie-vision.

Mes enfants vont-ils lire ce livre ? Oui, j'en suis sûre. Il y a des affaires que j'aimerais mieux qu'ils ne lisent pas, des passages qui vont les confronter. C'est ainsi, je n'y peux rien. Je me dois d'être honnête envers qui je suis.

MAX FILMS
présente
La
omtesse de
aton Rouge
ANNIE GIRARD
FRANCE CASTEL
Un jour,
tu es parti
laisser
DANS LA VEINE DES FILMS ÉPEURANTS...
UN FILM DE
GABRIEL PELLETIER
KARMINA
UNE COMÉDIE HORRIBLEMENT ROMANTIQUE
MIREILLE MÉTELLUS

CHAPITRE 11

Moteurs ! Action ! Orgasme !

———————

Sur grand écran, elle a été tour à tour, entre autres et pêle-mêle : vampire, violoncelliste, sage-femme, serveuse, chanteuse de blues, championne de bowling ; louisianaise, française, anglaise ; riche, pauvre, classe moyenne, cadre supérieure ; photographe, polyglotte ; psychiatre, psychologue ; mourante, et même... morte. Elle a été la mère de trois petits cochons (Guillaume Lemay-Thivierge, Claude Legault et Paul Doucet) et l'amante d'hommes qui ont l'âge de ses propres garçons. Elle a été «la copinette» d'un monstre du cinéma, Annie Girardot. Claude Lelouch, le réalisateur du mythique Un homme et une femme, *l'a dirigée une fois, da ba da ba da.*

Sa filmographie lui ressemble, excentrique : une trentaine de titres, plusieurs comédies et autant de drames, quelques jolis succès au box-office et un nom qui revient six fois : André Forcier. Auteur et metteur en scène doué, Forcier a tourné son premier long-métrage il y a quarante-cinq ans, sans acquérir ensuite la notoriété « grand public » d'un Denys Arcand, son contemporain. Onirique, fantaisiste, le monde selon Forcier est habité par des êtres singuliers nés de son imaginaire et lâchés lousses : une femme à barbe, un albinos, une beauté irrésistible suivie partout par 40 soupirants, et Paolo Noël en ex-vidangeur de cadavres dans le Saint-Laurent. Surnommé « le Fellini du cinéma québécois », Forcier accomplit des miracles avec peu d'argent et beaucoup d'acteurs qui le suivraient partout. Ses fidèles forment une « famille » pas banale : Roy Dupuis, Céline Bonnier, Jean Lapointe, Gaston Lepage… et France Castel, bien sûr.

Forcier dit que je suis sa pécheresse, que j'ai le péché imprimé dans la face. Ce n'est pas de ma faute, il me donne toujours des pécheresses à jouer !

Il l'a fait encore dans son dernier film, *Embrasse-moi comme tu m'aimes*. Mon rôle : Rose Lebleu, chanteuse et propriétaire d'un cabaret dans les années 1940. J'avais des scènes qui n'ont pas été gardées au montage final, il m'en reste une ou deux. Et, à la toute fin, je chante la chanson-titre : « Embrasse-moi comme tu m'aimes, le ciel et le diable, ces inséparables… » C'est très beau.

Rose est un tantinet pécheresse évidemment, surtout pour l'époque : elle a un mari plus jeune, et noir. Slim est incarné par le même acteur qui jouait mon chum dans *Une histoire inventée*, le premier film que j'ai fait avec Forcier. Comme un rappel, un clin d'œil. Une attention qui m'a touchée…

C'était il y a vingt-cinq ans. Je sortais de mon enfer, enfin clean, le mot commençait à circuler que je m'étais remise à travailler. Forcier m'a téléphoné, il cherchait une actrice crédible capable de chanter et de jouer du piano. Puis, il est venu me voir dans *Vacances au Club Med*, dans un théâtre d'été. Dix ans plus tôt, je l'avais croisé pendant qu'il tournait *Au clair de la lune*. Je sortais avec l'éclairagiste du film. Je lui ai rappelé cette première rencontre. Il s'en souvenait. « J'peux-tu te faire confiance ? », qu'il m'a demandé. Je l'ai regardé et j'ai répondu : « Oui… » Un oui pas sûr ; un oui, j'espère. J'étais fragile encore. Il m'a crue, cela m'a portée, je n'ai pas voulu le décevoir.

Alys, mon personnage dans *Une histoire inventée*, est une fille de club. Elle aime un musicien qui l'aime aussi, mais qui, pour une question de religion – il est baptiste –, ne couchera avec elle qu'une fois qu'ils seront mariés. Alys se morfond, Alys ne se peut plus. Un soir, Alys essaie de le faire succomber, très Marilyn dans une robe bustier, et termine sa chanson en levant le bras en l'air… et oups ! un sein sort. Elle le remet en place, faussement gênée, les yeux sur son homme. « Sont pas pires… », dit alors le personnage de Marc Messier, assis dans la salle.

Ce n'était pas une « défaillance vestimentaire » à la Janet Jackson ; d'ailleurs, c'était bien avant. C'était écrit tel quel dans le scénario : la scène du sein d'Alys. Conçu trop serré, le bustier devait laisser le sein s'échapper aisément, sauf qu'il ne voulait pas coopérer. On a dû l'aider : un accessoiriste tirait sur un fil à pêche attaché à la robe pour que le haut glisse naturellement au bon moment. Loin d'être exhibitionniste, j'appréhendais la « scène du sein », je ne me disais pas : Yé ! Je vais me montrer… à quarante-six ans. Mais à la guerre comme à la guerre. Et je savais bien que ce n'était pas gratuit, que c'était en phase avec la personnalité débordante d'Alys, une femme généreuse de son talent et de son corps… En Europe, l'affiche du film, présenté au Festival de Cannes à la Quinzaine des réalisateurs, n'était pas la même qu'ici : le distributeur a choisi exactement cette scène ! Je l'ai appris quand le frère du père de ma fille, qui vit à Paris, m'a téléphoné pour me le dire, en riant comme un fou : « Mais qu'est-ce qui se passe, France, je te vois sur les affiches, les seins à l'air ? »

Alys n'était pas un premier rôle ; d'ailleurs, je n'en ai jamais eu, mais c'en est un important, qui compte énormément dans ma carrière, dans ma vie. Il a marqué mon retour au métier, il m'a redonné ma crédibilité et m'a apporté de la visibilité. Forcier me demanderait demain d'incarner une poignée de porte – la porte d'un bordel, comme je le connais – que je lui dirais : « Oui, où, quand, à quelle heure ? »

C'est à partir d'*Une histoire inventée* que le théâtre sérieux, le cinéma et la télé se sont montrés ouverts, intéressés par ce que je proposais, à partir de qui j'étais devenue : une femme excessive qui avait du vécu et des regrets, qui avait péché… Je répondais à ce qu'on appelle un casting naturel. Chaque acteur a plus ou moins un casting naturel. En principe, un acteur devrait être capable de tout jouer, mais n'est pas fait pour tout jouer. Dans mon cas, les créateurs savaient que j'avais une banque d'émotions très facile d'accès pour interpréter certains rôles, je n'avais pas besoin de faire un long travail de recherche pour trouver l'émotion voulue, je savais où aller et je ne craignais pas d'y aller.

LE SEXE AU CINÉMA

Tourner avec Forcier, c'est travailler avec un extraterrestre. Il ne ressemble à personne, son univers est unique. Il a sa façon bien à lui de nous diriger, et s'adresse à chaque acteur différemment. À moi, il me parle comme ça : « Non, madame Castel, arrêtez de jouer, soyez vous-même, votre personnage est une chienne finie, c'est une mère indigne, c'est une salope. Allez à l'intérieur de vous. »

Les scènes de sexe, c'est jamais évident à tourner. Tous les acteurs le disent, et c'est vrai. Dans *Le vent du Wyoming,* en 1996, notre deuxième collaboration, Lizette, mon personnage, fait une gâterie dans un camion à l'amant de sa fille. L'espace était réduit, je ne savais pas trop comment me placer et m'y prendre pour mimer une fellation. Forcier a bien vu qu'il y avait un pépin, ça l'amusait, et il m'a demandé si je voulais un accessoire pour m'aider, donc un godemichet, et j'ai fait: «Non, non, ça va, c'est correct.» Même Georges Dufaux, le directeur photo, était un peu choqué: «Voyons, Forcier!» Que voulez-vous, il aime sortir des insanités, c'est un provocateur.

De lui, le vlimeux, je peux m'attendre à tout. Dans ce même film, Lizette avait une autre scène coquine, cette fois dans une grande roue de cirque. Sauf que j'ai le vertige. J'avais averti Forcier plusieurs fois, il m'avait promis que la roue ne s'arrêterait pas avec ma nacelle en hauteur. Évidemment, il n'a pas tenu sa promesse. Alors, à «Action!», j'ai dû orgasmer entre ciel et terre, mais, en réalité, j'étais au bord de l'évanouissement avec l'envie de vomir. Il y en a qui gagnent des prix d'interprétation pour moins que ça. Une fois redescendue sur le plancher des vaches, et en maudit, Forcier m'a dit: «Excuse-moi, pécheresse, je t'ai trahie, mais c'était si beau!»

Dans *La comtesse de Bâton-Rouge,* il m'a fait coucher avec David Boutin. J'adore ce métier. Il avait vingt-huit ans, moi cinquante-trois. Le dialogue qu'il nous avait écrit me fait encore rire. Nuna Breaux, une couturière louisianaise portée sur la chose, s'adresse au beau jeune homme qu'elle reçoit, avec l'accent cajun: «J'ai cinquante ans, cher, la Louisiane est remplie de vieux trésors, comme moi. Tu veux des œufs, ou… faire l'amour ? » Sa réplique : « Oh vous savez, moi, les œufs… » J'avais expliqué à Forcier : « D'accord, je vais la faire, ta scène de lit, mais pas comme elle est écrite. Je serai couchée sur le dos, à mon âge, c'est mieux, et je vais garder mon jupon noir, tu pourras filmer les belles fesses de David et mon visage bordé de reconnaissance. » Et c'est ce qu'il a fait.

LE BOWLING MÈNE À TOUT

Jamais je n'aurais cru faire carrière au cinéma. Et je n'y pensais pas du tout quand j'ai tourné *Tiens-toi bien après les oreilles à papa.* Un gros, gros succès de l'année 1971, un scénario de Gilles Richer, l'auteur de *Moi et l'autre,* avec deux gros noms : Dominique Michel et Yvon Deschamps. Je me suis retrouvée là-dedans je ne sais plus comment. Jean Bissonnette, le réalisateur que j'avais connu aux *Couche-tard,* avait pensé à moi, c'était mon premier film et le sien aussi, je crois qu'il n'en a plus fait après, dommage. J'avais trois ou quatre jours de tournage, je jouais Agnès, une championne de bowling, un sport que j'avais pratiqué peut-être une fois, et enceinte… Ce film, je ne l'ai pas revu depuis tellement longtemps, je ne m'en souviens quasiment plus, je ne pourrais même pas dire si j'étais championne aux petites ou aux grosses boules. Je sais par contre qu'il y a dix-sept ans entre *Tiens-toi bien…* et mon deuxième film, *À corps perdu,* de Léa Pool.

Ensuite, les rôles se sont enchaînés. Il y a des films dont j'ai tout oublié, et c'est mieux ainsi : entre la promesse du scénario et le résultat final, j'ai souvent été déçue. Par contre, au fil des ans et des plateaux, j'ai fait des rencontres déterminantes, d'un point de vue personnel autant que de l'apprentissage du métier d'acteur. Le *name dropping* m'énerve, mais je pense à Nick Nolte, mon partenaire dans *Afterglow*. Cette production américaine, tournée ici par Alan Rudolph, s'est retrouvée aux Oscars, grâce à la star du film, l'Anglaise Julie Christie, la belle Lara du *Docteur Jivago*. En tout cas, juste avant une prise, Nolte m'a dit : « You want to repeat a scene, honey ? Keep it fresh. Run your lines. » Traduction libre : « Il ne faut pas répéter une scène, chérie, garde-ça frais. Dis ton texte. » Nick voulait qu'on y aille, qu'on le fasse. Au cinéma, ce qui compte, c'est la fraîcheur. À trop travailler avant, on perd la spontanéité, la vérité du moment. Un conseil que j'ai retenu.

Après *Afterglow*, j'ai partagé le haut de l'affiche de *L'âge de braise* avec Annie Girardot : mon nom vient tout de suite sous le sien, en plus petit bien sûr, mais il est là. Je le précise avec une certaine fierté parce que c'est la seule fois où c'est arrivé. Quand Jacques Leduc, avec qui j'avais déjà tourné *Trois pommes à côté du sommeil*, m'a donné le rôle, j'étais un peu anxieuse. La Girardot avait toute une réputation, elle avait été la gloire du cinéma français, la star numéro un, mais elle ne l'était plus, ce milieu est tellement cruel… On jouait deux amies, on avait plusieurs jours de tournage ensemble.

Et elle avait une drôle de relation avec le Québec. Plusieurs années avant, elle s'était fait ramasser solide avec un spectacle soi-disant très mauvais présenté à Montréal. Mais tout s'est bien passé, elle m'appelait sa « copinette », on a fait l'émission de Christiane Charette ensemble. Annie était assez flyée, et m'avait dit vouloir terminer ses jours dans un Winnebago et faire le tour du monde. Elle ne l'a jamais fait, elle est morte de l'alzheimer dix ans après…

Un petit mot sur Claude Lelouch. À la fin des années 1990, il est venu tourner à Montréal une partie de son film *Hasards et coïncidences*. Il avait besoin d'une actrice trilingue – français, anglais et italien – pour tenir le rôle de secrétaire de consulat. Je répondais à ce critère : j'ai appris l'italien toute jeune avec mon premier mari, le seul bon souvenir que j'en garde. J'ai donc passé une audition avec 12 comédiennes québécoises. Toute une expérience. Nous étions rassemblées dans la même pièce, Lelouch nous a bien regardées, puis il a demandé à chacune d'improviser selon un canevas précis. Moi, je devais être de très mauvaise humeur et me débarrasser de quelqu'un. C'était quand même gênant. Lelouch, je l'observais comme une bibitte, curieuse de le voir à l'œuvre, et, quand je suis curieuse, je ne suis plus impressionnée, je ne perds pas mes moyens. J'ai été l'heureuse élue.

L'un des films dont on m'a parlé le plus, et dont on me parle encore, vingt ans après, c'est *Karmina*. Le premier, surtout. Il est devenu culte, mes petits-enfants le découvrent. Comme je suis un peu sorcière sur les bords, que j'entends des choses, devenir vampire n'était pas si éloigné de ce que je suis… D'ailleurs, j'ai livré la marchandise, puisque j'ai été nommée à Toronto pour un prix Génie. Esméralda, la tante québécoise de Karmina, n'est pas une vampire «normale» qui doit se nourrir de sang, et ça, grâce à une potion magique qui la rend presque humaine. Je dis bien presque. Directrice d'une agence de rencontres, Esméralda change de coiffure à chaque nouvelle scène. C'est complètement fou, je porte des perruques différentes, cheveux longs, courts, frisés, blonds, noirs, etc. Et la finale est grandiose : j'arrive en lévitant dans les boucanes de l'enfer pour me battre avec un batte de baseball contre Raymond Cloutier, le méchant père de l'héroïne. Yves P. Pelletier, le gars de RBO, m'empale dans un mur avec le pic d'un flamand rose de jardin. Quelle mort extraordinaire !

CHAPITRE 12

Bonsooooooirrrr...

ou

la femme qui aimait les hommes (et les aimera toujours)

———————

Sa réputation de croqueuse d'hommes est légendaire. Quelle autre Québécoise de sa génération possède une telle aura, surtout à un âge respectable rarement associé à «ça»? Les médias en raffolent, et en redemandent. En entrevue, arrive toujours le moment très attendu où la conversation bifurquera comme par hasard dans cette direction.

Puisque France Castel est permissive, c'est permis d'aborder le sujet. À Radio-Canada, dans 1001 vies, *un documentaire télé qui lui était consacré, le journaliste lui demande, faussement gêné: «Miles Davis... vous l'avez connu... bibliquement?» Invitée à l'émission* Deux hommes en or *(pour le segment «Trip à trois», quoi d'autre), France y a appris qu'elle représentait pour Patrick Lagacé, le coanimateur, du temps qu'il était adolescent, «de l'engrais à fantasme».*

Qu'en est-il de la vérité? Est-elle ce Casanova en jupons, cette mante religieuse blonde qui dévore – ou dévorait – les mâles à la queue leu leu?

Une certitude: France ne craint pas de nourrir sa réputation. Elle ose dire ce qu'elle pense, et ose penser ce qu'elle dit. Ainsi, quand elle a su qu'un jeune comédien serait nu pour une scène dans sa prochaine pièce au TNM, elle n'a pas caché son bonheur. Ni son souhait de voir au plus vite la chose...

Sur cette photo, redécouverte récemment et que je n'ai à peu près jamais montrée, je suis Stella Spotlight, sexe-symbole de *Starmania*, la version made in Québec créée en 1980. Une année cruciale, dont j'ai déjà parlé. J'ai trente-six ans. Sur scène, je porte une robe transparente, on voit mes seins, je prends des mimiques de femme fatale, des poses de vamp. Et je chante:

> J'ai peur de devenir folle
> toutes les nuits j'rêve qu'on m'viole
> moi qui suis sage comme une image

une image divine qu'on adore et qu'on adule
une image de magazine sur qui on éjacule […]»

Je chante aussi *Sex-shop cinémas pornos*, qui deviendra un numéro magnifique, et le préféré de Luc Plamondon, où Éros dansait avec Thanatos, mais qui sera coupé du spectacle après deux semaines. Le texte parle de lui-même :

« […] je sens des mains qui se glissent
comm' des pieuvres entre mes cuisses […]
on m'frappe à coups de ceinture
sur un lit de fourrure
dans une chambre de torture […]

Pour un rôle de composition, c'en était tout un ! Parce que, contrairement à Stella l'exhibitionniste, j'étais timide, prude, gênée de me déshabiller devant témoin. Sensuelle, mais en privé. Une amoureuse, pas une nymphomane.

J'ai travaillé fort pour que ma Stella soit convaincante. Et elle l'a été, au-delà de ce que j'aurais pu imaginer. Aux yeux du public, et même dans l'esprit du milieu artistique, je suis devenue moi aussi un sexe-symbole. Avant Stella, j'étais déjà étiquetée pécheresse : j'avais eu trois enfants de trois hommes différents. Avec Stella, je confirmais que j'en étais une, et pas des moindres. Peut-être pour montrer que j'étais de mon époque – c'étaient les années d'avant sida, et tout le monde couchait avec tout le monde –, j'ai laissé courir la rumeur… Elle court toujours, trente-cinq ans plus tard. Je me regardais hier aux *Échangistes*, et quelqu'un a encore fait allusion à cette réputation : c'est vrai, France, les hommes, elle connaît ça… Clin d'œil, clin d'œil. Et moi qui souris, par habitude.

Je me suis rendu compte assez vite de l'impact de ma nouvelle incarnation. Au début de *Starmania* et de ma consommation de cocaïne, je fréquentais le Prince-Arthur, un bar près de la rue Saint-Laurent. C'était un repaire d'artistes, chanteurs, comédiens, musiciens. Je les surprenais à dire à la blague : « Qui est allé chez France hier soir ? », avec son lot de sous-entendus. Certains d'entre eux venaient chez moi, c'est vrai, mais il ne se passait jamais rien, on jasait. Un soir, tannée des cancans, je suis allée les voir : « Bon, les gars, on va régler ça tout de suite. Qui a couché avec moi ? Toi ? Ah oui, quand ça ? C'est drôle, je ne m'en souviens pas… » Eh bien, il n'y en avait pas un maudit qui était passé dans mon lit !

Ma notoriété de libertine, déjà exagérée, va s'incruster pour de bon avec *Sur l'oreiller*. En 1988, Télévision Quatre-Saisons (aujourd'hui V) était une jeune station. La direction des programmes essayait des concepts, et on m'a offert de piloter un talk-show. Cinq ans avant, j'avais coanimé *Au jour le jour*, à Radio-Canada, une quotidienne qui remplaçait *Femme d'aujourd'hui*. Sauf que, là, j'allais être seule, et toute l'émission porterait sur les relations passionnelles et amoureuses. J'avais des réserves. Qu'on m'identifie à une sexualité permissive ne me dérangeait pas, mais le personnage avait pris le dessus sur ma personne, et, par besoin, j'avais laissé faire. Je venais à peine d'arrêter de consommer, les créanciers me harcelaient, je portais des vêtements empruntés à des amies.

Le milieu était encore méfiant après mes années de débâcle, les propositions de boulot étaient rares, mais je devais travailler, et vite.

J'ai accepté.

Je pouvais à peine aligner deux phrases tellement je n'étais pas solide, alors on m'écrivait des textes de présentation parfois douteux. Avec ma voix rauque de grosse fumeuse et de party girl, ça donnait : « Bonsooirrrr. » Une voix de cochonne. Ou, pour citer le compositeur Stéphane Venne, « une voix vaginale », comme il l'a dit, un jour, à la radio de Radio-Canada.

Sur l'oreiller se voulait coquin, on a joué là-dessus. Beaucoup. Des gogos boys qui participent à la première émission et se font aller le bonbon, ça a donné le ton. Les recherchistes avaient toutes les misères à booker du monde ; les gens qui venaient refusaient d'aborder les sujets un peu chauds ou me mentaient en pleine face ; on a commencé à me bombarder d'invités bizarres…

Ça dérapait, et j'étais en danger de déraper aussi : j'avais juste le goût de faire une ligne.

C'est Paulette Guinois, de la Maisonnée d'Oka, là où j'ai suivi ma cure de désinto, qui m'a sortie de ce pétrin à temps, et probablement sauvée. J'ai quitté l'émission avant la fin de mon contrat. Danielle Ouimet a repris le flambeau.

C'était écrit dans le ciel : RBO a tourné une parodie de *Sur l'oreiller*. Chantal Franke m'imitait, André Ducharme et

Yves P. Pelletier jouaient les gogos boys, et Guy A. une effeuilleuse niaiseuse. Avec le recul, oui, c'était drôle, mais… pas dans l'état où j'étais.

Je ne suis pas masochiste, je ne l'ai pas regardée, je n'aurais pas été capable. Ils n'avaient aucune idée du drame que je vivais. Pour eux, j'avais l'air d'une écervelée au rire gras, qui anime un *show* érotique en tripotant l'invité : « Bonsoooooooir, je connais beaucoup les hommes, comment ça va, mon pitou ? »

Jamais je n'en ai parlé, même pas à Yves P. Pelletier, avec qui j'ai joué dans les films *Karmina* 1 et 2. Je suis contente de démystifier certains côtés de ce beau et cruel métier. C'est beaucoup plus facile de laisser toute la place à France Castel la pécheresse, la femme libérée, désinvolte au boutte, que de dévoiler toute la vulnérabilité sous-jacente.

MES HOMMES ? MISÈRE !

Je ne suis pas certaine d'avoir une compréhension éclairée et pertinente de ma relation avec les hommes. Aujourd'hui encore, malgré toutes ces années à en décortiquer le sens, les pourquoi et les comment, ça reste nébuleux et complexe.

Une chose est sûre : mon histoire avec eux a commencé de façon marquante.

Mon premier mari contrôlait tout, mes allées et venues, prenait ma paie et me donnait quelques sous pour mes cigarettes. Et, surtout, était terriblement jaloux.

J'en ai parlé une seule fois, aux *Francs-tireurs,* dans le cadre d'une émission sur la violence faite aux femmes, et je n'ai pas vraiment envie de revenir sur le sujet. Je ne veux surtout pas passer pour une victime. Il faudrait même l'écrire en lettres majuscules : JE NE SUIS PAS UNE VICTIME.

Maintenant que c'est dit, et compris, je continue mon récit.

Pendant deux ans, j'ai dormi avec un couteau sous l'oreiller. Un jour que je me sentais rebelle, je suis arrivée cinq minutes plus tard que d'habitude. Il est devenu fou, il m'a frappée, je suis tombée dans l'escalier… J'étais enceinte, et je ne le savais pas. Je l'ai appris en faisant une fausse-couche. Le médecin m'a dit que je ne pourrais plus avoir d'enfant.

Ça n'a pas été long que je me suis enfuie, avec mes vêtements dans des sacs d'épicerie et quelques centaines de dollars cachés grâce à la complicité de mon patron, qui m'avait octroyé une augmentation de salaire sans que mon mari le sache. Je le sais, on dirait un épisode de la bio de Tina Turner. Mais je n'invente rien. Je ne suis vraiment pas la seule à avoir vécu un tel cauchemar, et, comme toutes les autres, je n'en suis pas sortie indemne.

Échaudée, je suis devenue excessive. Un homme m'approchait et je sortais les griffes ; il me pinçait pour jouer, et je sacrais mon camp. Il y en a un qui m'a courtisée pendant un an, beau, gentil, attentionné… J'ai succombé.

On échafaudait des plans de vie ensemble, je lui ai acheté une auto, je flottais sur un nuage… jusqu'à ce que le chat sorte du sac : il était marié, père de trois enfants. Mon Dieu, que j'étais naïve !

Une note positive à ce désastre : c'est lui qui m'a encouragée à faire carrière comme chanteuse. Je travaillais comme secrétaire, j'avais gagné quelques concours de chant et je savais que le ciel ou je ne sais qui là-haut m'avait donné une voix en cadeau. Eh bien, je suis allée dans une maison de disques. Alberto, le patron, aussi pianiste et arrangeur, qui avait l'âge de mon père, m'a reçue dans son bureau… et David, mon premier fils, a été conçu cette nuit-là. Je venais d'apprendre que l'homme que j'aimais m'avait bernée, j'étais assommée et défaite, j'ai succombé d'un claquement de doigts aux belles paroles d'Alberto, avec qui je n'aurai plus de relations, sur l'oreiller ou ailleurs, par choix.

On ne parle pas ici d'une femme libérée qui s'envoie en l'air, mais d'une tarte dont on abuse à répétition.

L'idée de ne pas garder mon bébé ne m'a jamais effleuré l'esprit : cette grossesse était un miracle. Je savais qu'il fallait que je donne la vie. Et au diable les conséquences – personnelles, professionnelles, financières, amoureuses – de me retrouver mère célibataire en 1968. J'ai vécu la même chose avec ma deuxième grossesse, survenue malgré un stérilet. J'ai pris rendez-vous à la clinique du docteur Morgentaler, j'y suis allée, et pendant que j'attendais mon tour, je me suis dit que cet enfant devait naître, qu'il avait déjoué le moyen de contraception. Je me suis levée d'un bond, je suis partie. Et Benoît a vu le jour.

Depuis que je suis née, je crois aux signes du destin et aux situations étranges, hors-norme. Ces moments deviennent des certitudes. Ce sont les seules que j'ai : je les garde.

MILES… ET APRÈS MILES

J'ai toujours eu un faible pour les musiciens, et Roger Gravel était un excellent pianiste. On fera tous deux partie de La Cinquième saison, dont j'ai déjà parlé. Roger sera le père de mon deuxième fils, Benoît. Je pensais que cette fois serait la bonne… mais, au fond de moi, j'ai toujours su que ça allait finir.

Après Roger, j'ai commencé à vivre ma vie telle que je l'entendais, au diapason de mon époque. C'était «le début d'un temps nouveau… les femmes font l'amour librement», comme l'a si bien chanté Renée Claude. J'étais une mère attentionnée et aimante, mais j'avais aussi un corps. Le droit à l'orgasme n'était pas qu'un slogan féministe à la mode. Je l'ai pris au pied de la lettre.

Ma carrière allait bon train, et, grâce à ma maîtrise de la langue anglaise, je m'exportais même… à Toronto. Je passais des semaines là-bas à chanter et à animer à la CBC. Mes enfants restaient à Montréal avec leur nounou souvent secondée par ma mère. Et, un beau soir, quelque part dans la Ville Reine, comme dans les contes de fées, j'ai rencontré le prince des ténèbres*... Il y a une scène du film *Miles Ahead*** qui m'a fait sourire... Dans une boîte de jazz, une femme est assise seule à sa table, et, sur scène, le musicien, Miles Davis, la voit et ne joue que pour elle. Grosso modo, c'est un peu ce qui m'est arrivé.

J'en connaissais, des femmes libérées qui multipliaient les amants, et se les échangeaient... J'étais plutôt le genre amoureuse. Le sexe, c'était très précieux et j'avais besoin d'éprouver un sentiment, d'être séduite... Alors, quand Miles s'est intéressé à moi... J'étais déjà une admiratrice de son œuvre, j'écoutais *Bitches Brew,* l'un de ses meilleurs albums qu'il venait d'enregistrer. J'ai été attirée comme par un aimant. Par sa différence, aussi. Je n'avais jamais connu un homme noir. Il avait la peau d'une panthère et une vibration forte, insensée. Sa façon de faire l'amour ressemblait à sa musique... Je vais m'arrêter là. Que dire de plus ?

Peut-être ceci : Miles Davis, c'est une aventure qui a duré deux semaines. On en parle parce que cela s'est su, parce qu'il est une légende, un monstre sacré, un mythe, etc. Je l'ai revu quelque temps après à Montréal, il s'était enquis de moi. Ce

---

* *Prince des ténèbres* (*Prince of Darkness*) : titre d'un air célèbre composé et enregistré par Miles Davis en 1967. C'est aussi devenu l'un de ses surnoms.

** *Miles Ahead* (2015), film biographique américain, avec Don Cheadle dans le rôle-titre de Miles Davis.

qui est plutôt flatteur, certaine que j'étais d'avoir été oubliée… Miles était un homme à femmes.

Je l'ai retrouvé au Château Champlain, mais on n'a fait que parler. J'étais enceinte de ma fille, Dominique, et follement amoureuse de son père… Un homme qui se prénomme aussi Dominique, et que j'ai quitté après deux ans parce qu'il était infidèle. On s'appelle encore et on se voit à l'occasion, il est marié et vit en Floride depuis des années. Dominique a été et restera le grand amour de ma vie.

Les hommes importants dans ma vie, ils ne sont pas très nombreux, et je les ai tous aimés, du premier au dernier. Et celui-ci a un beau nom, et une belle histoire. C'est mon prince d'Égypte.

Premier achat du couple Castel-Bichara.

CHAPITRE 13

Mon prince d'Égypte

Il accompagne France depuis des années aux premières, discret mais présent, fier d'être l'homme d'une telle femme. En 2009, on les a vus tous deux amoureux et enlacés à la une du magazine Le lundi, *avec le titre : «Il m'a demandée en mariage.» C'était il y a sept ans, donc amplement de temps pour se magasiner une robe blanche.*

A-t-elle dit oui ?

Non, on n'est pas mariés, et heureusement, parce que, ces jours-ci, je divorcerais !

QUAND DEUX PLANÈTES SE RENCONTRENT...

On s'est connus dans un restaurant, rue Laurier, le Byblos. J'y allais pour le brunch du dimanche. Un an plus tôt, j'avais mis un terme à une relation un peu bizarre ; en fait, une très mauvaise relation dont je ne parlerai pas. Cet homme, je l'ai jeté dans le fleuve, symboliquement, bien sûr. Un geste très libérateur, croyez-moi. Et j'ai pensé : au suivant !

Donc, j'étais dans ce resto, célibataire depuis trop de mois, pomponnée peut-être plus que d'habitude et en tête-à-tête avec moi-même au bar, comme cela m'arrive souvent de l'être. Je l'ai remarqué, seul aussi, il n'était pas mon genre du tout, ses cheveux, sa moustache, mais sa vibration était intéressante. Un client avait laissé traîner *Le Devoir*. Dans ce temps-là, le journal publiait encore des petites annonces «homme cherche femme». Je l'ai senti passer derrière moi, direction les toilettes probablement, et jeter un coup d'œil à ce que je lisais. Il m'a dit : «Alors, on en est rendu là ?» Amusée, j'ai répondu : «Ben oui.»

On a fait connaissance, échangé nos numéros de téléphone ; le courant passait, j'étais curieuse de voir la suite. Premier rendez-vous : un midi de semaine dans le coin boustifaille d'un centre commercial. Pour le romantisme, c'était zéro, mais il travaillait dans le coin, ça l'arrangeait. Et je suis une femme arrangeante... quand ça m'arrange. On a osé un petit baiser, j'ai ressenti quelque chose... Mais son look, hum ! Ses petites bottes à talons hauts me faisaient rire. J'ai connu toutes sortes d'hommes, j'ai aimé toutes sortes de corps, grands, petits, gros, maigres, entre les deux, j'ai une ouverture assez particulière à certaines choses… Je m'attarde à ce qui me plaît, et j'élimine ce qui me plaît moins, comme ses petites bottes. Il ne les porte plus depuis longtemps, d'ailleurs…

C'était l'automne, j'étais en tournée avec une pièce, *Les girls à Clémence.* Les autres comédiennes – Andrée Lachapelle, Monique Richard, Nathalie Gadouas et Sylvie Ferlatte – me trouvaient fébrile et se moquaient un peu. Je vérifiais souvent mon téléphone, au cas où il m'aurait appelée… Et il m'appelait, je l'appelais ; on se parlait beaucoup, on jasait de tout.

J'ai appris qu'il était d'origine égyptienne, qu'il avait quitté son pays à vingt-quatre ans, qu'il avait été marié et n'avait pas voulu d'enfant. Il savait qui j'étais, plus ou moins, et je dirais moins que plus. Il m'avait demandé, assez tôt dans nos échanges : « Quelles sont tes valeurs ? » « Euh… » Les siennes étaient plutôt conservatrices, et sa vie pouvait difficilement être plus éloignée de la mienne. Je me demandais de quelle manière j'allais pouvoir lui raconter mon passé… Et j'ai trouvé.

En novembre, pour son anniversaire, je l'ai invité dans un restaurant russe, caviar et champagne, je faisais ma smatte, ma big shot. C'est là où j'ai joué le tout pour le tout : je lui ai offert ma première biographie, *Solide et fragile,* publiée en 1995. Avec le livre, il allait apprendre à qui il avait affaire :

mes enfants, mes amants, mes tourments. Soit il me rappelait après ou…

Il m'a rappelée.

Il ne m'a jamais reparlé du livre.

DIX-SEPT ANS PLUS TARD…

Avec Chawky, j'ai appris la différence entre la passion et l'amour. Avant lui, quand la passion s'étiolait, et elle s'étiole toujours, la relation se terminait. Je ne savais pas ce qu'il y avait après, et ce qu'il y avait ne m'intéressait pas. Je vivais de passion en passion, et, loin d'être passionnant, c'est drainant.

Notre histoire d'amour continue parce qu'il y a eu une évolution des sentiments que j'ai apprivoisée. Avec le temps, une véritable intimité s'est développée entre nous, ce que je n'avais jamais connu auparavant. On est encore ensemble aussi parce qu'on est devenus dépendants l'un de l'autre, et ce n'est pas une constatation qui m'enchante, j'aime pas l'idée de dépendance.

Dans ma vie, parmi les nombreux deuils que j'ai eu à faire, il y a celui du grand amour idéal, qui serait la solution à tous mes problèmes. J'ai toujours nourri l'espoir qu'il y avait quelqu'un, quelque part, fait pour moi, mon âme sœur, que je devais chercher jusqu'à ce que je la trouve, ou que je meure. J'ai compris que cet être parfait n'existe pas. Les besoins que j'avais à combler, et que j'ai encore, moi seule peux les combler.

J'avais mon condo, et lui, le sien. On a décidé d'en avoir un à nous: une première pour moi. Des premières, avec Chawky, il y en a eu quelques-unes... Le premier meuble qu'on a acheté ensemble, avec des bas-reliefs égyptiens. On a chacun nos affaires, mais cette armoire, on l'a en garde partagée.

J'ai dû faire des compromis. J'ai besoin d'imprévu; lui, non. Il m'a apporté l'équilibre; je lui apporte la permission de sa folie, de sa colère. Il est anxieux, terre à terre, raisonnable, son rapport avec l'argent est très sain, il n'a pas de compulsions. On est très différents, mais je sais où on se rejoint. Il est resté qui il est, moi aussi.

Je pense qu'on sera ensemble jusqu'à la fin. Je ne me vois pas recommencer avec un autre. Quand je ne suis pas bien avec Chawky, c'est parce que je ne suis pas bien avec moi, ça n'a rien à voir avec lui.

On avait tous les deux cinquante-cinq ans quand on s'est rencontrés. On vieillit ensemble, et c'est très violent: le corps qui change, la retraite, dans son cas, le deuil des rêves qui ne se sont pas réalisés et qu'on ne réalisera jamais...

CHICANES... ET RÉCONCILIATIONS

Il joue de la guitare et chante avec une voix aznavourienne. Parfois, quand j'assiste à l'un de ses récitals et qu'on me demande de faire un duo avec lui, on chante *For me, formidable*.

C'est un hasard qu'il soit musicien, mais c'est un beau hasard.

Sa famille, qui a des valeurs très conservatrices, mais qui est complètement intégrée au Québec, m'a acceptée à bras ouverts telle que je suis. Et il est très apprécié par mes amis, mes enfants et petits-enfants. Je ne fais pas ce que je veux avec Chawky, il n'est pas mon valet. Il me fait travailler fort, dans le sens que je dois respecter qui il est. On a encore nos différends, je ne crains pas la confrontation. (La bouderie, ça, j'en ai une peur bleue. Je peux même voir l'aura noire autour d'un boudeur ou d'une boudeuse, je suis un peu sorcière, l'ai-je déjà dit?)

Les fois où on a voulu se séparer – c'est un peu le cas à l'heure actuelle, et c'est arrivé à quelques reprises –, ça faisait trop mal.

On s'aime, c'est très clair.

P.-S. Au pire, si jamais notre histoire se termine, j'aurai ce livre comme nouvelle carte de visite!

Autour d'un café, dans leur cuisine, Chawky a parlé de sa blonde… partie faire des courses.

Quand vous vous êtes rencontrés, un dimanche, il y a dix-sept ans, vous saviez qui elle était?

Non. Pas du tout. Je l'ai trouvée à mon goût. Je n'étais pas un consommateur de télévision, je ne le suis pas encore vraiment; je regarde les nouvelles, puis j'éteins. Je préférais le cinéma, surtout américain. À l'époque, je travaillais en anglais, je vivais en anglais, je ne connaissais rien du milieu artistique québécois, à part Ginette Reno, que mon ex-femme aimait beaucoup. On écoutait les chanteuses et les chanteurs français comme Aznavour.

A-t-elle été surprise d'être une inconnue à vos yeux ?

Elle s'en est rendu compte et m'a fait passer un genre de test : « France Castel, ça te dit rien ? » J'ai dit : « Non, excuse-moi, pas vraiment. » J'étais mal à l'aise, mais elle avait beaucoup d'humour, et n'était pas offusquée. Finalement, au restaurant, elle m'a dit : « Tu ne me connais pas. Tu veux me connaître ? Tiens. » Et elle m'a donné son livre. Que j'ai dévoré en une soirée. Je pense qu'elle m'a demandé si je l'avais lu, je lui ai répondu que oui. Et ça s'est arrêté là. J'ai réalisé en le lisant, comme on dit en bon québécois, que j'avais affaire à une grosse bibitte.

La bibitte vous a fait peur ?

Je ne dirais pas peur ; mais fasciné, oui. Je connaissais le milieu artistique, enfin, pas son milieu à elle. Mais je suis musicien, je connaissais donc un peu la couleur d'un artiste. C'est quelque chose qui ne s'explique pas. C'est une énergie, une façon d'être. Il y a comme un langage, un non-dit, une façon de communiquer, comme deux médecins peuvent le faire. En lisant le livre, j'ai pensé : Oups, je suis un musicien pas connu, elle est une vedette. C'était cela qui me préoccupait plus que le reste. Je ne me suis pas trop attardé à ses ex-chums, à la drogue, tout ça. Je n'ai pas voulu creuser. C'est sûr que, de temps en temps, j'avais des flashs qui me revenaient du livre. À certains moments, elle avait des comportements… Elle me présentait certaines personnes, et je faisais des liens. Mais je ne l'ai jamais questionnée sur son passé.

Au début, je n'étais pas très à l'aise. France le sentait, et elle me protégeait à sa façon en me présentant par mon nom, puis par « mon chum ». C'est ainsi que je suis entré dans son monde graduellement. Elle m'aidait, m'expliquait qui était qui, car France connaît les plus grands noms du Québec, et eux aussi la connaissent. Je restais quand même en retrait, et c'était parfait ainsi. Je ne ressentais pas la pression de performer, d'essayer d'être à la hauteur.

Et, aujourd'hui, votre vie publique avec elle, ça se passe comment ?

Sincèrement, ce que j'aime et ce que je recherche – elle le sait, même si je ne le lui dis pas –, c'est de rencontrer des gens intéressants, et elle en connaît beaucoup. Je suis fier d'être avec elle dans les événements. Quand les photographes sont là, je me tasse. Je ne diminue pas mon rôle, mais c'est elle, la vedette. Sauf quand les photographes, après avoir pris quelques photos de France toute seule, me disent: « Vous aussi. » Là, je vais me placer près d'elle.

Pas toujours, mais assez souvent, sous les photos de premières, c'est écrit : L'homme qui accompagne France Castel, France Castel et son conjoint, ou autres phrases du genre. Vous êtes l'homme sans nom. Vous en avez pourtant

un, Chawky Bichara, mais il est plus compliqué à écrire que Pierre Tremblay…

C'est peut-être pour ça, les journalistes ne se risquent pas. L'été dernier, à la première de Céline Dion au Centre Bell, il y avait plusieurs journalistes et photographes. Quelques-uns m'ont reconnu, et d'autres m'ont crié : « Votre nom ? Votre nom ? », j'ai répondu : « Chawky. » Ils ont dit : « Pardon ? » Je n'ai pas eu le temps de leur répondre, car on devait avancer pour faire place à d'autres vedettes. Mais je ne tiens pas à ce que mon nom apparaisse.

Est-ce qu'il y a encore quelque chose qu'on ne sait pas d'elle ?

Ce qui me surprend, que je trouve fascinant chez elle, c'est que je peux compter sur les doigts d'une main le nombre de fois où je l'ai vue de mauvaise humeur. Ça m'arrive de me demander si c'est possible. Joue-t-elle la comédie ? Mais non, c'est un choix qu'elle a fait, malgré toutes ses blessures : celui de voir la vie d'une façon positive, de refuser une idée qui pourrait lui faire du mal. Je n'ai jamais connu ça. Et je ne l'ai jamais vue bouder.

Que pensez-vous de son désir de faire ce nouveau livre, vingt ans après sa première biographie ?

Je pense qu'elle est rendue à un point dans sa vie où elle a besoin de dire des choses. La fin de *Pour le plaisir* a été un élément déclencheur, il n'y a pas de hasard. Elle a peut-être pensé qu'elle devait faire quelque chose avec tout son bagage de vie, toute son expérience. Je l'encourage, je n'ai aucune réserve. Elle m'a fait lire le chapitre où elle parle de moi, et je lirai le tout quand il sera publié.

Quand vous marchez ensemble dans la rue, que se passe-t-il ?

Les gens l'aiment, énormément. Ils aiment son vécu, comment ce vécu a été dévoilé, son côté survivante, et la ricaneuse, celle qui est toujours de bonne humeur, qui établit si facilement le contact avec quelqu'un. Ce que j'entends le plus souvent : « On vous aime, France, ne changez pas, restez comme vous êtes. » C'est quand même formidable. Les gens ont le goût de toucher ce qu'ils ont vu, entendu, parce qu'ils y croient.

J'entends France revenir. Vite, que pouvez-vous me dire de plus ?

J'aimerais ajouter qu'elle est la femme avec qui je voudrais vieillir et passer le reste de ma vie.

CHAPITRE 14

Fric, alors !

Selon une très ancienne légende urbaine, France Castel aurait déjà gagné un million à la loto et en aurait sniffé une bonne partie. La vérité se trouve à la fin de ce chapitre sur l'argent, un sujet d'ordinaire tabou qui, ici, passe au cash.

Dans cinq jours, je chante devant Céline Dion à l'émission *En direct de l'univers*, et j'ai rien à me mettre sur le dos. Une bonne excuse pour entrer chez Henriette L., rue Laurier, une boutique d'Outremont que j'essaie d'éviter, où tout est beau et où tout est cher. Je change même de trottoir pour ne pas marcher devant la vitrine. Un combat constant : le bureau de mon agent est à côté, et, juste en face, il y a le restaurant Chez Lévêque, qui est presque ma cantine. Les vendeurs d'Henriette me connaissent. J'ai fait mettre de côté un petit pantalon noir, un veston de même couleur à la coupe impeccable – de marque Nina Ricci, si je me souviens bien –, et des souliers. En tout, il y en a pour une beurrée.

D'habitude, je n'achète pas de vêtements pour passer à la télé. Je porte mes vieilles affaires qui sont la plupart du temps en noir passe-partout, et que je range dans ma penderie « linge de chanteuse ». Avec le cachet que je reçois, je paie mon coiffeur et un massage, ce qui n'est pas un luxe, parce que les tournages sont longs et j'en sors crevée. Une fois soustraits les impôts et la part qui va à mon agent, si je me paie aussi une jolie blouse, je suis faite.

Cette fois, c'est différent, c'est Céline, toujours habillée en haute couture comme un mannequin, ça met de la pression. J'essaie de justifier l'achat du petit kit qui m'attend chez Henriette : je me dis que cet ensemble me va super bien, ce qui n'est pas souvent le cas parce qu'avec le corps que j'ai maintenant, il n'y a jamais rien qui me fait ; que je vais l'amortir, que je le porterai aussi pour le lancement de ce livre…

Puis la réalité me rattrape : je dois ralentir mon train de vie, et pas seulement le dire. Je ne travaille presque plus, je gagne donc pas mal moins que dans mes bonnes années.

Avant d'avoir une comptable, peu importe mon salaire annuel, j'étais toujours dans le rouge de 30 000 dollars. Je vivais au-dessus de mes moyens. Je n'étais pas consciente qu'il n'y a pas de retenues à la source pour la pigiste que je suis : quand je voyais le montant du chèque, j'oubliais que la moitié allait aux gouvernements. Je dépensais tout.

On dit qu'entretenir un rapport tordu avec l'argent a des origines judéo-chrétiennes, mais, dans mon cas, c'est autre chose, c'est familial. Ça me vient de mon père. Il avait des magasins de meubles, et il les donnait aux clients trop pauvres pour en acheter. Il a fait faillite, aussi. La famille a quitté la maison de Sherbrooke pour déménager dans un petit appartement à Montréal. J'étais au pensionnat, que payait ma grand-mère maternelle, et je suis revenue chez nous pour payer le loyer parce que papa ne pouvait plus travailler. J'avais quatorze ans et j'étais bonne à tout faire chez le propriétaire de l'appartement, un curé. À quinze ans et demi, je me suis mariée ; j'avais un emploi, et mon mari gardait ma paie. Alors, le jour où j'ai finalement pu voir la couleur des dollars que je gagnais, j'ai compris qu'avec l'argent venait la liberté.

Ensuite, j'ai vu qu'avec l'argent vient aussi la culpabilité. Je ne comprenais pas pourquoi j'en avais plus que les autres, et j'avais surtout un problème à ce que les autres en aient moins que moi. J'en ai donné beaucoup ; j'en ai prêté autant, ce qui revenait à en donner parce que, souvent, on ne me remboursait pas… et je n'osais pas, je ne pouvais pas, demander des comptes. Il m'est déjà arrivé d'emprunter pour prêter parce que je ne voulais pas décevoir personne.

Je me suis longtemps punie parce que j'avais de l'argent, mais, là comme ailleurs, j'ai réussi à trouver l'équilibre. Il a fallu que je fasse la paix avec mon inconfort. Ma comptable m'a dit : « Si t'es pas capable de demander qu'on te rembourse, n'en prête plus. » Je l'écoute.

STAYFREE ET BMW

Est-ce une chance ou une malédiction ? J'ai vraiment vécu les deux extrêmes : quêter de la monnaie pour prendre l'autobus, et gagner en une journée ce que les gens gagnent en une année. Bien sûr, on est au Québec, et ce n'est pas la télé et le cinéma qui paient aussi bien pour aussi peu d'heures de travail, mais la publicité. J'en ai fait des voix off, des ritournelles publicitaires, et j'en ai tourné quelques-unes, dont certaines pour vendre des produits « pour la femme ». Stayfree, par exemple, réalisée par Gilles Carle et tournée sur un voilier ancré sur le Saint-Laurent. Je portais un manteau magnifique, conçu pour l'occasion, dont le col très chic en piqué évoquait des maxi-serviettes. Ce qu'on appelle un « message subliminal »… Le réalisateur François Girard, à qui je demandais quelle était la motivation de mon personnage avant le tournage d'une pub pour Gynécure, m'a répondu : « Pour toi, c'est peut-être tes prochaines vacances, la mienne, c'est mon prochain film. » Il avait raison. Il faut trouver sa motivation à quelque part pour accepter d'associer sa face et sa notoriété à la vaginite et aux tampons hygiéniques.

Je n'aime pas parler d'argent, je déteste y penser, mais ça en prend, et j'aime en avoir pour m'en départir comme je l'entends. Aider les autres, même de façon anonyme, faire plaisir. Et me faire plaisir. Pendant quatre ans, j'ai roulé en BMW blanche ; je voulais savoir ce que c'était que d'avoir un gros char. Je le sais, maintenant, et je me contente d'une Subaru Crosstrek. J'aime les montres : j'ai une Rolex, une Cartier, une Tag Huer… La Rolex, je l'ai déjà mise en gage, et je l'ai reprise. Je ne les porte jamais, je ne suis pas attachée à ces objets. Je les ai achetées pour le kick, et aussi pour savoir où va mon argent.

Je ne suis pas à plaindre. Aujourd'hui, j'ai des acquis, des REER, deux maisons payées, pas de dettes. Quelqu'un de plus sage que moi en aurait bien plus à la banque. Tant pis. Financièrement, je pourrais prendre ma retraite. Mentalement ? Pas sûre.

L'HISTOIRE DU GROS LOT : LE VRAI ET LE FAUX

Il y a une trentaine d'années, j'ai gagné 250 000 $ à l'Inter-loto. J'en ai profité. Ça m'arrangeait parce que j'étais dans la consommation de cocaïne, qui me coûtait quelques milliers de dollars par semaine. J'ai remboursé des dettes. On ne dépense pas une manne tombée du ciel comme on le fait avec de l'argent gagné en travaillant. Je me suis mis en tête de produire avec mon chum de l'époque une comédie musicale, que nous avons écrite ensemble. Elle n'a jamais vu le jour.

Ça n'a pas été long que je me suis retrouvée sans le sou.

Je ne suis pas fière d'avoir tout flambé, surtout vis-à-vis de mes enfants et de leur héritage. La seule excuse que je peux donner, c'est qu'à l'époque, je n'étais pas moi-même.

Et ça m'a coûté assez cher, merci.

Cette photo de Marco Campanozzi a illustré l'article de Nathalie Petrowski sur France, publié dans *La Presse* le 27 mai 2015.

CHAPITRE 15

Le rire de la vie
et de l'oubli

———————

Le rire est le propre de l'homme, mais surtout celui de France Castel. Ce livre est incomplet, car son rire ne s'imprime pas sur du papier, seulement dans la tête. Et le cœur.

Des ha ha ha! auraient dû être disséminés partout, même dans les chapitres où ses propos n'incitent pas à se taper sur les cuisses en se tenant le ventre. Justement, dans ces moments-là où ça fait mal, France peut boum! paf! bong! éclater de rire: Ha! C'est son médicament, sans risque d'overdose, mais, hélas, non disponible en pharmacie.

Aucun ha ha ha! même pas HA HA HA! *écrit en police de caractères comic sans mf n'arrive à la cheville du rire castellien. Toute reproduction est interdite et sonne faux : seul l'original est magique.*

J'ai adoré ce titre d'un article sur moi de Nathalie Petrowski : *Le rire de la vie et de l'oubli.* Quand je l'ai lu, il a eu en moi une résonance. L'oubli de ce qui n'est pas racontable, et pardonnable. La capacité de rire de ce qui n'est vraiment pas drôle. Et ça, c'est un cadeau. Et, en même temps, un drame.

Le rire m'a sauvé la vie. Il est souvent démesuré, à mon image, excessive dans tout, dans les hauts comme dans les bas.

Mon rire puise à diverses sources. Dans mon rire de dérision, je suis connectée à ce qui se passe. Comprendre une situation dans son entièreté me vient très rapidement, avec trois degrés de lecture, un peu comme dans le théâtre de Brecht. Alors, j'éclate. Que c'est libérateur ! C'est aussi un outil très précieux : le peu de santé mentale que j'ai et toute ma résilience découlent de cette capacité de m'exprimer par le rire.

Je ris fort parce que je n'ai pas le sens de la retenue. Quand, dans certains rôles que j'ai interprétés, mon personnage avait beaucoup de retenue, j'arrivais à jouer, mais je sentais que c'était vraiment contre nature.

Le rire m'a aidée, m'aide toujours, à ne pas tomber en dépression.

Plus jeune, avant la coke et tout ce qui a suivi, je n'étais pas une grande rieuse. En fait, je ne riais pas souvent, et, quand je le faisais, mon rire était discret. Déjà que je parlais à peine, d'une toute petite voix. Le titre d'une de mes chansons est quand même révélateur : *Moi, je ne veux pas déranger personne.*

Ensuite, mon rire exprimait le déséquilibre, comme un trop-plein qui sortait par nécessité, sans que ce soit volontaire.

Il m'arrive de rire même quand le sujet est sérieux, c'est ma façon de dédramatiser. Sinon, l'air devient lourd, le malaise s'installe. Ce n'est pas un rire faux, mais une vraie compréhension. Il y a un détachement dans ce rire-là, qui signifie : que la vie est bizarre ! Qu'elle est donc absurde !

J'ai énormément de reconnaissance pour ma capacité de rire. Je ne juge pas mon rire, je le laisse vivre. Les humoristes sont très contents de m'avoir dans leur salle, ils reconnaissent mon rire. Je ne boude pas mon plaisir, et je ne ris pas pour rien. J'ai vu, au Rideau-Vert hier soir, *Je préfère qu'on reste amis,* la pièce de Laurent Ruquier mise en scène par Denise Filiatrault, avec mon amie Geneviève Schmidt et Patrick Hivon, qui joue une escorte mâle. Je riais de bon cœur, les gens dans la salle se retournaient. C'est sûr que mon rire n'est pas toujours très élégant. Je m'en fous.

Il est la meilleure des pilules. J'ai besoin de ce rire, qui est devenu ma marque de commerce. Pourtant, je pleure presque aussi facilement que je ris. Et quand je pleure, je braille comme un veau. Mais je préfère rire, si ça ne vous dérange pas.

Ma mère trouvait que je riais trop fort, elle me le reprochait. J'ai commencé à me demander, très sérieusement: qu'est-ce que j'ai à tant rire? Est-ce pour amuser la galerie, attirer l'attention? Est-ce une soupape? Je n'ai pas encore trouvé la réponse.

Oui, je ris trop fort, pis après?

J'ai arrêté de m'en faire. Mais j'arrêterai jamais de rire.

Boucles d'oreilles portées par Gloria, personnage interprété par France
Castel dans *Le chant de sainte Carmen de la Main*.

CHAPITRE 16

La Poune des intellos

Sa carrière sur les planches impressionne, à plus d'un titre. Elle est le trait d'union entre Gilles Latulippe et Bertolt Brecht, entre Les deux bébés de banlieue *et* Mère Courage.

Commencé en 1975 au Théâtre des Variétés, son parcours de comédienne l'a menée loin, là où personne ne l'attendait : au Théâtre du Nouveau-Monde. Pendant la rédaction de ce livre, France se préparait à y retourner.

Elle y était déjà, il y a vingt ans, dans Les Troyennes, *monument du répertoire classique, écrit cinq siècles avant notre ère, une adaptation de Marie Cardinal dans une mise en scène d'Alice Ronfard. On est loin du vaudeville, du cocu dans le placard et des portes qui claquent. «Ménélas, je tremble de peur. Ne me tue pas, ne me tue pas, es-tu capable, toi, de résister à Aphrodite?» déclamera alors une France Castel dramatique dans la peau de Hélène de Troie.*

Étonnée, et fière, d'avoir accompli un si grand écart, elle résumera ainsi son exploit dans La Presse *: «Je suis consciente d'être devenue La Poune des intellectuels.»*

Je suis encore vivante au théâtre! Je parle du théâtre dit sérieux, que je surnomme gentiment: le théâtre-tre. L'opposé du théâtre d'été, quoi, où j'ai beaucoup donné. Je ne renie absolument pas ce genre de divertissement: quand je suis ressuscitée après ma descente aux enfers, ruinée, endettée et oubliée de tous, le théâtre d'été m'a gardée à flot.

En 2013, René-Richard Cyr montait au TNM *Le chant de sainte Carmen de la Main* et il m'a offert un cadeau qui ne se refuse pas: le rôle de Gloria. Une chanteuse de musiques sud-américaines adorée des folles et des drag queens – c'est du Michel Tremblay –, une star déchue qui s'habille avec son rideau, comme Scarlett O'Hara. Un personnage flamboyant qui m'allait comme un gant. J'entrais sur scène très lentement, une idée de René-Richard, qui voulait changer ma gestuelle parce que je suis, au naturel, trop énergique. Habillée d'un truc en plumes, j'enlevais mes lunettes noires, je regardais Carmen et lui disais: «T'es r'venue toé, j'te pensais morte!»

L'un des moments forts de la soirée, et, probablement, ce que j'ai accompli de mieux comme comédienne.

Ma Gloria a été remarquée. Lorraine Pintal, qui m'avait dirigée vingt ans plus tôt dans *Jeanne Dark des Abattoirs*, de Bertolt Brecht, a pensé à moi pour *La Bonne Âme du Se-Tchouan*, du même auteur, une pièce annoncée pour janvier 2017. Je vais y jouer une actrice allemande qui joue madame Yang, une Chinoise, mère d'un des deux personnages principaux, un aviateur incarné par Émile Proulx-Cloutier. J'ai reçu le texte de la pièce, une vraie brique.

C'est le début de toute une aventure. Les répétitions n'ont pas encore commencé, mais on a suivi des ateliers de mouvements avec la chorégraphe Jocelyne Montpetit. (Quiconque m'a vue valser avec Marc Hervieux dans la première saison des *Dieux de la danse* sait que, même si j'ai deux pieds droits, je n'ai peur de rien.) Et je vais chanter aussi, bien sûr. C'est aussi pour ça qu'on me veut.

Au fil des années, j'ai joué partout, et pas qu'au TNM : Espace Go, Quat'Sous, Duceppe, Théâtre d'Aujourd'hui, La Licorne et bien d'autres. Je n'ai pas de formation de comédienne, je n'ai pas fait d'école de théâtre. Par contre, j'ai suivi des ateliers de théâtre avec Warren Robertson, un coach de jeu américain, qui a développé sa propre technique après avoir fait l'Actors Studio dans les années 1950 en même temps que Paul Newman et Marilyn Monroe. Il venait à Montréal une ou deux fois par année, on était plusieurs comédiens dans sa classe. J'ai pris des cours aussi avec Pol Pelletier, et c'était assez intense merci !

Malgré tout ça, malgré Brecht, Arthur Miller, Warren et Pol, je me considère comme une «vulgaire artiste de variété». Je ne vois pas cela comme une insulte, mais comme une observation claire et précise. Je ne peux pas me positionner comme une «actrice de théâtre».

Pourtant j'étais, je suis, appétissante entre guillemets pour certaines personnes, car je réponds à un besoin dans un casting, au théâtre-tre comme dans un certain genre de cinéma.

Suis-je à l'aise dans le monde du théâtre-tre? Hum, ça dépend avec qui. Si on est venu me chercher pour les bonnes raisons, oui. Sinon, on va me ch… dessus. J'ai beau être encore, un peu, La Poune des intellos, Denis Marleau ne m'engagera jamais, j'en suis certaine. Alors que Robert Lepage, qui sait? Un soir, il est venu au théâtre d'été, où je jouais avec l'un de ses anciens chums. Je ne suis pas sûre qu'il a aimé, mais il a beaucoup ri. Et moi, j'ai été bouleversée par sa dernière création, *887*, mon coup de cœur théâtral de l'année 2016.

En fait, je crois que je suis très aimée dans ce monde-là, presque plus, étonnamment, que dans le milieu, plus naturel pour moi, de la chanson et de la télévision. De grandes comédiennes, comme Andrée Lachapelle, Monique Mercure, Françoise Faucher, Béatrice Picard, m'ont toujours porté une attention particulière. Je me souviens qu'à la fin des répétitions des *Troyennes*, Monique Mercure m'avait donné un conseil très important: «France, ne sois pas si obéissante.» Je l'ai écoutée… mais ce n'est pas facile, parce qu'obéissante, je l'ai toujours été!

En 2015, j'ai eu la preuve que ma place existe dans le théâtre-tre. L'Espace Go m'a rendu hommage lors de sa soirée-bénéfice annuelle. Parmi les précédentes «homma-gées», il y a eu Rita Lafontaine, Clémence Desrochers, Janette Bertrand… La crème, le gratin, les meilleures. J'avais souvent participé à cette soirée à titre de chanteuse, mais, jamais, jamais, jamais je n'aurais cru qu'un jour, ce serait mon tour.

Les organisateurs avaient préparé un montage de plusieurs rôles que j'ai interprétés, sur scène, à la télé et au cinéma. La plupart du temps des femmes pas normales et pas possibles, la clownesque, la *too much*, la diva, Stella Spotlight dans *Starmania*, les pécheresses des films à Forcier, la femme mature qui se fait faire l'amour par un jeune homme, les yeux bordés de reconnaissance…

C'est là que j'ai compris pourquoi ce milieu me respecte. Je voyais l'étonnement des gens dans la salle, actrices et acteurs, devant une telle galerie de personnages. Jouer ces femmes outrageantes l'une après l'autre peut sembler un défi d'interprétation énorme. Ça me demande surtout de l'abandon. Je ne triche pas, et je n'ai pas de retenue. Toutes ces femmes sont une partie de ce que je suis, et je ne vais pas chercher le reste chez la voisine. J'ai des zones fuckées, je les utilise. Pour un metteur en scène, c'est du bonbon.

Quand je commence un travail sur une pièce, je ne me sens pas toujours dans mon élément. Mais dès que l'exercice rejoint des trucs démesurés, avec du chant, là je trouve ma place, mes repères, peut-être plus que certains acteurs, cela dit sans vantardise. Je crois qu'on m'appelle aussi pour ça, car j'ai quelque chose à apporter : le côté variété, justement, la démesure de ma vie, l'audace.

Ce n'est sûrement pas un hasard si j'ai souvent joué du Bertolt Brecht : *Mère Courage, Jeanne Dark des Abattoirs, L'Opéra de quat'sous*. L'auteur était fan des cabarets allemands des années folles, du genre que l'on voit dans le film *L'ange bleu*, avec Marlene Dietrich… que j'ai interprétée.

Je me sens bien avec les êtres hors normes, et les acteurs sont souvent des originaux démesurés et un peu fous.

Dans *Les Troyennes* au
Théâtre du Nouveau Monde, 1993.

À la fin des années 1960, France travaille dans un bureau quand un certain René l'appelle...

CHAPITRE 17

Mon pays,
ce n'est pas (encore !) un pays...

———————

« Si j'ai bien compris, vous êtes en train de me dire : à la pro-chaine fois. » *Le soir du 20 mai 1980, au centre Paul-Sauvé, quand René Lévesque prononce ces paroles historiques, France Castel est dans la foule, perdue, éperdue. L'indépendance du Québec, elle y croit. Depuis que le Parti québécois existe, même avant, elle rêve que sa province devienne un pays. Donc, si elle a bien compris, ce ne sera pas pour aujourd'hui. La prochaine fois, peut-être.*

Les années ont passé. René est parti. La prochaine fois a eu lieu et le NON l'a de nouveau emporté. Jamais deux sans trois, dit-on. Mais France, la militante de toujours, y croit-elle encore ?

Le 2 mai 2016, je vois à la télé Pierre-Karl Péladeau annoncer qu'il se retire de la politique pour des raisons familiales. Comme tout le monde, je suis surprise, et triste aussi. Plus que triste : déçue, déprimée, défaite. PKP, je l'ai appuyé publiquement, ce que je n'avais jamais fait avant. J'ai même pris l'initiative. J'ai contacté Julie Snyder, et j'ai dit un gros OUI quand elle m'a offert d'enregistrer un message destiné aux gens de ma génération. Le dernier jour de la campagne de PKP au leadership du parti, ma vidéo roulait en boucle dans la salle pleine de partisans. Elle est encore sur Internet. Pas besoin de fouiller, voilà en gros ce que j'y dis :

« Vous pensez que je suis trop vieille pour rêver ? Ben non, et vous autres, non plus, vous n'êtes pas trop vieux. On a besoin de rêver, les soixante-dix et plus, les quatre-vingts, quatre-vingt-cinq, on peut voter encore, on a des enfants, des petits-enfants, et moi j'ai un vieux rêve depuis René Lévesque, et j'ai besoin d'y croire encore. Et Pierre-Karl Péladeau, j'ai décidé d'y faire confiance pour les bonnes raisons… »

Ensuite, j'énumère ces raisons : c'est un gars têtu, un Québécois qui croit en l'égalité homme-femme, un businessman, donc, capable de prouver que la rentabilité de notre province devenue un pays, c'est possible… Ça se termine avec un « Pis votez ! » super enthousiaste, suivi probablement d'un grand rire.

Oui, avec PKP, j'y croyais, et c'est quasiment pas croyable parce que, depuis un bout de temps, j'y croyais plus, enfin, disons que j'y croyais pas mal moins qu'à l'époque de Lévesque. Pierre-Karl n'est pas un ami, pas plus que Julie, à peine une

Au mariage de sa sœur aînée Louise, début 1950. France est debout, à droite, avec les bas blancs. «Et un feu sauvage», précise-t-elle.

À 18 ans.

Son look
Jean Seberg (1972)

Son look
Marlene Dietrich (1986)

La photo préférée de sa mère.

Les sœurs Bégin : Diane, Hélène, France, Louise et Lucie.

Ses enfants :
David (en haut),
Benoît (au centre)
et Dominique (en bas).

David et sa famille.

Dominique et sa famille.

Ses trois petites-filles :
Charlotte, Clémence et Noémie.

Vers 1985, en pleine période de consommation,
elle se donne l'allure imposante d'une *godmother*.

Vers 1988, premiers temps après sa désintoxication.
Une France revenue de l'enfer.

En compagnie de Michel Barrette.

Le *Blues du toaster* en action.

«Ce spectacle musical est peut-être mon plus beau souvenir de chan-teuse. Pierre Bernard, alors directeur artistique du Quat'Sous, a eu l'idée géniale de nous réunir, Monique Richard, Linda Sorgini et moi. C'est d'ailleurs à son théâtre de l'avenue des Pins que *Le Blues du toaster* a vu le jour, au printemps 1998. Le concept, tout simple : interpréter des chansons qui nous font vibrer, de Brel à Bob Marley. Quelques années plus tard, le *Blues du toaster* deviendra *Mes blues me font pu*, question de continuer cette aventure musicale avec mon amie Monne, Monique Richard. »

France dans la peau (et avec les boucles d'oreilles) de Gloria dans *Le chant de sainte Carmen de la Main*, en compagnie de Benoît McGinnis au Théâtre du Nouveau Monde / © Yves Renaud

Une histoire inventée, d'André Forcier, avec Jean Lapointe et « Slim » Williams.

La comtesse de Bâton-Rouge, d'André Forcier, avec David Boutin.
© Antoine Saito

En compagnie de France Beaudoin.

La belle gang de *Fleurs d'acier* (immortalisée au mariage de Béatrice Picard).

« En 1991, la grande Béatrice m'offre de jouer Thérèse, propriétaire d'un salon de coiffure dans la pièce *Fleurs d'acier*, rôle tenu par Dolly Parton dans la version filmée, *Steel Magnolias*. Un tournant dans ma jeune carrière de comédienne au théâtre. J'ai peine à croire que je partage la scène avec ces cinq femmes talentueuses et formidables : Andrée Lachapelle, Françoise Faucher, Linda Sorgini et Monique « Monne » Richard, sans oublier Béatrice. De cette rencontre est né un surnom : les Flowers. On fera une tournée du Québec mémorable – dont un arrêt à Sherbrooke, et une visite émouvante à l'église de mon enfance – qui a soudé notre amitié. Les Flowers étaient toutes présentes au party pour mon 60e anniversaire au Lion d'or et aussi à L'Espace Go pour l'hommage que m'a rendu le milieu théâtral. »

Chawky et France.

Look différent pour France, réalisé récemment dans le cadre du projet *Profil au pluriel* et mené par la jeune photographe Andréanne Gauthier, en 2016.

connaissance. Des années avant son entrée en politique active, je le voyais dans les rassemblements artistiques à saveur souverainiste sur les plaines d'Abraham, comme la fête des Patriotes ; je savais le couple engagé, mais d'une façon très discrète, on ne parlait jamais de politique…

Avec lui à la tête du PQ, c'est comme si je voulais revenir à mon rêve de 1980. Ouf! Quand ce livre sortira en librairie, le PQ aura un nouveau chef. À l'heure où je vous parle, je me demande bien qui suivre et pour qui voter. J'espère qu'avant, j'aurai fait mes devoirs de militante… désabusée. Il y a quelques semaines, un soir de première au théâtre, Serge Denoncourt m'a présenté Alexandre Cloutier. Je ne connais pas assez son programme ni celui des autres pour me faire une idée. Ce que je sais, ici, maintenant : il n'est pas question d'appuyer une femme parce que c'est une femme, même si je trouve triste que Véronique Hivon ait dû se désister, ni Alexandre parce qu'il est beau bonhomme. Je vais attendre de voir leurs idées. Correspondent-elles aux miennes ? J'aurai aussi dans l'esprit, comme de raison, l'avenir de mes enfants, et surtout de mes petits-enfants.

Ma flamme pour le PQ est passée par tous les états possibles et imaginables : ardente, éteinte, rallumée, vacillante, soufflée, essoufflée. Ces jours-ci, elle n'est pas dans une forme olympique. Et pourtant, elle l'a été, et tellement ! Au centre Paul-Sauvé, en mai 1980, j'ai pleuré à chaudes larmes, comme tous ceux qui m'entouraient. Je regardais la scène, René, Lise Payette, Gérald Godin, Pauline, je les sentais effondrés, je l'étais aussi. On le vivait si fort, depuis des années, le vrai rêve d'indépendance, celui du «Maîtres chez nous», du «Vive le Québec libre!». Et c'est de ce rêve-là que je fais le deuil.

La montée du nationalisme, la ferveur des artistes pour la cause, j'ai tout vécu de façon intense, viscérale. J'en parle, l'émotion revient, intacte. Et j'ai eu ce bonheur inouï d'être aux premières loges. Oui, il y a eu le show sur la montagne, en 1975, avec Ginette, revenue de Los Angeles, qui chante *Un peu plus haut, un peu plus loin.* J'étais sur scène, choriste, j'avais des solos avec Jean-Pierre : *Qu'êtes-vous devenues mes femmes?, C'est à trente ans que les femmes sont belles...* À mon avis, il s'agissait plus du party d'anniversaire de Ferland, né un 24 juin, jour de la Saint-Jean, qu'une fête indépendantiste. Par contre, l'année suivante, quelques mois avant les élections provinciales et l'accession au pouvoir du PQ, il s'est passé cet événement extraordinaire : *Une fois 5* réunissait Léveillée, Deschamps, Charlebois, Vigneault et, bien sûr, Ferland. Directrice des chœurs, je sentais la foule vibrer, on flottait tous dans une espèce de transe, sans l'aide d'une drogue, enfin, dans mon cas; j'étais encore bien sage à l'époque. Ce spectacle immense était vraiment politique, surtout à Québec : la fierté d'être nous, la célébration de notre culture, le sentiment d'être «quelque chose comme un grand peuple» et d'avoir un destin...

Si j'y crois encore? Honnêtement? Je ne pense pas. Je crois qu'il est trop tard. Et même si, et le si est très grand, la prochaine fois, le OUI l'emporte, ce ne sera pas comme s'il l'avait fait en 1980. Le Québec n'est plus le même. Ce n'est plus le même rêve. Ce rêve est mort, n'en parlons plus.

FEMMES, JE VOUS AIME

J'avoue avoir été infidèle au PQ. Il l'avait quand même bien cherché, pour m'avoir tant déçue. J'ai commencé à regarder ailleurs, flirtant avec Québec Solidaire pour donner une chance à un autre parti souverainiste. Je me sentais alors plus concernée par les enjeux sociaux, les inégalités chez nous et dans le monde, que par une indépendance qui tardait à se montrer la face. Une prise de conscience qui découle de la Marche des femmes, en 1995. J'étais l'une des marraines, c'est comme ça qu'on nous appelait. Avec mon amie Marie-Jan, je l'ai vécue à la dure, comme les centaines d'autres, dormant dans des sacs de couchage dans des sous-sols d'église. Chaque matin, pour partir la journée du bon pied, je chantais à la belle gang de marcheuses *Du pain et des roses*, la chanson écrite par la regrettée Hélène Pedneault :

Du pain et des roses
Pour changer les choses
Du pain et des roses
Pour qu'on se repose
Trouvons des trouvailles
Pour que l'on travaille
Guettons les ghettos
Nous sommes égaux
Blanches, blondes et brunes
Nous voulons la lune
Rousses, grises et noires
Nous parlons d'espoir…

Notre arrivée à Québec, accueillies par 15 000 personnes devant l'Assemblée nationale, a été inoubliable. Je n'avais jamais vécu rien de tel. Ma vie entière, je l'avais menée comme je l'entendais, féministe dans l'âme sans le revendiquer et le crier sur les toits, de façon un peu nombriliste, pas très à l'écoute de la réalité des autres femmes. En fait, je me suis toujours mieux sentie avec les hommes, *one of the boys*. Les femmes, c'était toujours compliqué, pas clair, ambigu… J'en ai souvent parlé en thérapie, sans arriver à vraiment comprendre pourquoi. La Marche m'a réconciliée avec « le deuxième sexe », comme disait Simone de Beauvoir. J'ai le plus grand respect pour Françoise David, l'instigatrice de la Marche, qui était, dans ce temps-là, présidente de la Fédération des femmes du Québec.

Même si j'aime beaucoup Françoise, sa rigueur et son authenticité, je me suis rendu compte que son parti dilue l'engagement souverainiste, ce qui n'aide pas la cause. Je suis donc revenue au bercail, car le PQ a plus de chance de former le prochain gouvernement. Tout en appuyant dans mon cœur QS, Françoise et Amir, qui se font encore traiter de pelleteurs de nuages et de granolas, dix ans après la fondation de leur parti. On voit bien que la société ne suit pas…

JACQUES… ET RENÉ

Mon militantisme des grandes années m'a permis de nouer des liens d'amitié avec des êtres d'exception. L'un d'eux est assurément Jacques Parizeau. Lui et Lisette sont venus au party de mes 60 ans au Lion d'or ; j'étais présente à son 70ᵉ anniversaire. Avec Paul Piché, Claude Dubois et plusieurs autres, il m'avait invitée à fêter sa Lisette, à leur maison de campagne dans les Cantons de l'Est. Monsieur Parizeau était un bon vivant, qui aimait beaucoup la culture et les artistes ; il nous voyait comme des alliés. Je ne suis pas allée à ses funérailles, je travaillais, mais j'ai parlé à sa femme, le jour même, on s'est croisées chez Alvaro, notre coiffeur, je lui ai dit : « Je suis avec Jacques… »

Pour ce qui est de René Lévesque… En 1967, je suis élue Miss Couche-tard. C'est le fun, mais ça ne paie pas le loyer, alors je continue mon travail de secrétaire comptable dans une entreprise montréalaise. René, qui a entendu parler de mon engagement politique et qui m'a vue, un jour où je mangeais seule au Castel du Roy, un restaurant alors très prisé, me téléphone à mon bureau, du sien, à l'Assemblée nationale – il est ministre ou député, je m'en souviens plus. Apparemment, il a un béguin pour moi, et, moi, je suis en amour par-dessus la tête avec un homme qui me brisera le cœur. Avoir su… En tout cas, monsieur Lévesque m'invite au restaurant, je refuse gentiment, et, à un moment, il me dit : « Vous savez, Madame Castel, on n'en mourra pas. » Et là, sur le coup, j'ai eu envie de dire OUI.

Mais ça ne s'est jamais fait.

L'AMITIÉ
ligne d'horizon. Une lumière et une porte
elle fait rire, elle rassure. Elle ne juge pas,
toujours à distance de coeurs, notre amitié c'est du
avec grands soins, le trésor de mon petit jardin,
J'avance sur mon
amitié, merci.

CHAPITRE 18

Amis à vie

Un coussin léger comme l'air peut aussi être lourd de sens sans
pour autant être heavy...

France Beaudoin m'a offert ce coussin, il y a trois ou quatre ans, un 9 novembre, une date très significative pour moi; elle le sait et ne l'oublie jamais. Vincent Gratton, son amoureux, me l'a apporté dans ma loge, à Radio-Canada.

Le coussin est toujours sur mon sofa. C'est un Québécois, Denis Meunier, qui l'a fabriqué et a écrit le texte, où il compare l'amitié à du bonheur, à une plante qu'on cultive, à une pierre précieuse… C'est joliment dit, et bien vrai: l'amitié, c'est tout ça et tellement plus.

Depuis qu'on a coanimé *Deux filles le matin,* France et moi, on a développé un rapport unique, qui n'est ni maternel ni fusionnel: nous partageons notre plaisir et notre souffrance envers ce métier.

Sans amitié, la vraie, je n'exagère pas en disant que je ne serais sûrement pas là à vous relater mes souvenirs. Quelques amis sont disparus, mais encore vivants dans ma mémoire, et, ces jours-ci, je pense beaucoup à Christiane, ma première gérante, morte il y a deux ans. D'autres ont pris des chemins qui ne croisent plus le mien… Des nouveaux se sont greffés aux anciens.

Comme tout le monde, j'ai connu mon lot de trahisons, d'amitiés toxiques, j'ai moi-même été toxique, et je m'en excuse, mais ce temps est révolu, terminé.

J'ai arrêté aussi de me culpabiliser parce que j'étais plus proche de certains amis que de mes frères et sœurs. L'impression que je trahissais ma famille était très présente. Les gens parlent peu de ce sentiment, il me semble. Nos amis, on les choisit, selon son vécu et au moment où on a besoin de s'identifier et de partager avec quelqu'un. C'est un lien inconditionnel. Sinon, il se brise.

Aujourd'hui, les amis que j'ai sont essentiels, d'où leur présence dans mon livre. La plupart ne se fréquentent pas, se connaissent peu et se croisent rarement. Chacun et chacune a son créneau, si je puis dire. Je suis ce qui les unit, et les voici réunis.

Johanne. Soixante ans d'amitié, ce n'est pas banal. Il n'y a rien de banal chez mes amis. La première journée au pensionnat, tout le monde se moquait de Johanne, une grande gueule originale, qui portait un parasol et faisait une folle d'elle. J'ai décidé qu'on serait amies. On a été toxiques l'une et l'autre, et l'une envers l'autre ; on a cheminé ensemble pour nettoyer tout ça, et on s'en est sorties.

Mickie Hamilton. Une compagne de croissance, et une amitié née à mes débuts dans le métier. Excellente maquilleuse à Radio-Canada et sur plein de films, elle est artiste-peintre et connue pour ses mythomaquillages : des performances, presque des expériences mystiques, où elle recouvre le corps entier de couleurs qui ont des vibrations… Un travail qui prend des heures, il faut s'abandonner. Pour tout dire, la dernière fois, je me suis retrouvée maquillée des pieds à la tête et allongée dans un cercueil…

Alvaro. Mon coiffeur, et surtout mon ami, depuis quarante ans. Un homme sensible, généreux. Quand j'étais sans le sou, il me faisait quand même des belles têtes, et, lorsque j'ai remonté la pente, j'ai été obligée d'insister pour le payer.

Flo Gallant. La sœur de Patsy, avec qui j'ai cohabité dans mes années de grande consommation. On s'appelle « *ma* », diminutif de *mother*. On est nos propres mères, on se materne, quand ça va bien, et quand ça va moins bien.

Alain Desruisseaux. Aujourd'hui à la tête d'une des plus grosses boîtes de relations publiques, Alain est à l'origine de ce livre : c'est lui qui a insisté pour que je rencontre les gens des Éditions La Presse. Je l'ai connu vers la fin de ma période de cocaïnomane, j'interprétais Marlene Dietrich dans le spectacle *Phénomène M.* Alain ne devait pas avoir vingt-cinq ans. Je l'ai flirté… On en rit encore. Ensuite, chaque fois que j'étais célibataire, on avait un rituel : on jouait au mari et à la femme dans les boutiques et les restaurants. Je l'ai même déjà présenté comme l'un de mes fils !

Mario Saint-Amant. Nos premiers mots, on les a échangés il y a plus de vingt ans dans *Aux hommes de bonne volonté*, une pièce montée au Quat'Sous. Le lien entre nous est très fort, ni filial ni amoureux, mais amical et spirituel. Nous n'avons jamais été des amants, sauf au cinéma, en 2010, dans *La voix de l'ombre.* Pour les besoins du film, on devait frencher et prendre un bain ensemble, et c'était gênant pour tous les deux. Il n'était pas question de tricher, nous sommes des acteurs, alors on y est allés… Notre amitié prend des pauses, six mois, un an, puis on renoue. Je me rends compte qu'il est l'un des rares hommes hétéros dans ma vie. J'ai toujours eu beaucoup d'amis homosexuels, hommes et femmes, je me sens bien avec leur différence et ils acceptent la mienne. Ce sont des êtres qui ont travaillé fort pour s'affirmer, et cela me plaît.

Marie-Jan et Denise. Tous les ans, avec leurs conjointes, dans le temps du jour de l'An, on fait le point, et j'ai des souvenirs incroyables de ces réunions. Chawky est presque toujours le seul homme ; c'est très drôle, elles l'appellent « le pharaon ». En 1988, alors que je tournais *À corps perdu*, un film de Léa Pool, Marie-Jan, qui travaillait en casting, m'a apporté un scénario. Puis, on a fait la Marche des femmes. Quand j'ai accompagné jusqu'à la fin notre amie Esther, victime du sida et inspiration du film *La lune viendra d'elle-même*, j'ai connu Denise, qui est devenue très amie avec Marie-Jan. Elles sont mes compagnes d'âmes ; ça a l'air cucu, mais je ne sais pas comment l'expliquer autrement. Une amitié sans ambiguïté.

Marie Pelletier. Musicienne contemporaine, Marie est aussi maître reiki. Cette année, j'ai suivi un atelier, les 12 clés, qui n'a rien à voir avec le reiki. Chawky le fait avec moi, et c'est la première fois qu'il me suit là-dedans. Il a beau être un arabe et chrétien et garder des statues de saints dans son bureau, mon chum est un homme ouvert. Les gens pensent que l'évolution spirituelle, c'est quelque chose dans les airs, quelque chose de mystique, mais non, c'est d'abord dans ton humanité.

Louise Schmidt. Mon amie « normale », et ce n'est pas péjoratif. Louise et Jacques, son mari, ont longtemps dirigé le Théâtre des Cascades, où j'ai joué la première fois dans une pièce au titre parfait pour ce chapitre : *Amies à vie*. Ils ont été les premiers à me faire confiance après ma désinto. Louise et moi, on est voisines, à la campagne et à la ville. Ce qui nous lie le plus : elle a des enfants, dont une fille, Geneviève, qu'on voit dans *Unité 9*. Personne ne peut parler en mal de nos enfants ; juste nous, elle, des siens et, moi, des miens.

Danielle. Ma comptable, qui a pris sa retraite du boulot, mais pas de notre amitié. Danielle, mon amie « gros bon sens ». Là où elle est insensée, et où on se rejoint, c'est dans son amour pour les animaux. Je ne la remercierai jamais assez d'avoir mis de l'ordre dans mes finances, avec Claude Desjardins, de la Caisse de la Culture.

Luc Cartier. Homme d'affaires au grand cœur, il avait acheté un souper avec les deux France à l'époque de *Deux filles le matin,* au profit de La grande guignolée des médias, si je ne me trompe pas. Honnêtement, ce rendez-vous ne nous disait rien, on voulait s'en sauver, mais on a respecté notre engagement, et je ne l'ai jamais regretté. Luc est entré dans mon cercle d'amis. Il était attiré par le show-business et il a sa place dans notre milieu, pour nous avoir encouragés, à peu près tous et toutes, à sa façon. Il a tendance à être très généreux, trop même ; je le protège là-dessus… et on se rend bien la monnaie.

Luc R. Oui, R tout court, parce qu'il est très privé, il fuit la lumière, même si son métier, producteur de télé, c'est justement de mettre les gens sous les spots. Avec *Pour le plaisir,* Luc avait monté une équipe formidable, où j'ai pris un « plaisir » fou à travailler six mois par année pendant huit ans.

J'ai souvent des surnoms pour mes amis : Luc, c'est mon « *pall* », comme les Anglais disent *my pall* pour un chum de gars.

Ariane. Une jeune fille extraordinaire, elle a peut-être vingt-trois ou vingt-quatre ans, et vient voir tous mes shows avec sa mère, très fidèle à ce que je fais. Ariane, qui se déplace en fauteuil roulant, m'impressionne par son ouverture et son talent d'écriture, elle veut d'ailleurs devenir journaliste.

Sue McDougall. Je l'ai rencontrée dans un centre de méditation il y a près de dix ans. Une femme formidable, aisée, qui veut sauver la terre entière. En cofondant avec son mari aujourd'hui décédé l'organisme De la rue à la réussite, elle s'est occupée des jeunes itinérants, des Amérindiens, etc. Sue m'appelle « *my soul sister* », mon âme sœur.

Et, contre toute attente, cette année, j'ai retrouvé mon amie Louise Forestier dans le projet de disque *Les Vieux Criss* et la pièce de Bertolt Brecht en janvier prochain au TNM.

Comme la vie arrange les choses !

CHAPITRE 19

Ma Nina

France, comme Shéhérazade ou Fanfreluche, a mille et une histoires à raconter. Le hasard, le destin, sa bonne étoile, tous se sont donné le mot pour décorer sa vie d'instants de grâce et de moments cocasses. Il y a eu ces après-midi passés à tricoter avec l'acteur Richard Burton – sans Liz Taylor dans les parages – sur le pont du paquebot France, parti de New York pour sa dernière traversée de l'Atlantique. Les jams improvisés avec Elton John au cours de la même croisière. Il y a eu la fois où elle n'a eu d'autre choix que de pousser sur scène une Véronique Sanson trop pompette... C'est sans compter les anecdotes qui surgissent sans crier gare au détour d'une conversation, qui ne se disent pas dans un livre, mais en privé, un verre de blanc à la main.

Et, logé dans une classe à part, il y a cet épisode singulier. Il met en scène Nina Simone, être d'exception, femme engagée, voire enragée, géniale et bipolaire, l'une des artistes marquantes du 20ᵉ siècle, de la même lignée qu'Ella Fitzgerald… et Miles Davis.

L'autre soir, avec Chawky, j'ai visionné *What Happened, Miss Simone?* un formidable documentaire sur mon idole. Ce que j'ai vécu avec elle m'est revenu. Je n'avais rien oublié – parce que c'est impossible. Mais ma boîte à souvenirs est bien remplie…

J'étais dans *Starmania*, et aux premiers temps de ma consommation. Mon coiffeur, qui n'était pas Alvaro et dont j'ai oublié le nom, m'appelle un jour et me dit «J'ai Nina Simone comme cliente, je sais que tu es une fan et que tu connais toutes ses chansons, je l'amène voir ton show.»

Et elle est venue. La grande Nina Simone en personne, à Montréal pour un engagement dans un club de jazz, le Rising Sun ou le Rockhead's Paradise, je ne sais plus. Tout de suite, on a fraternisé; je l'ai invitée à la maison, la soirée s'est terminée tard et, de fil en aiguille, elle est restée. Pendant presque deux semaines, Nina me rejoignait après *Starmania*, ou j'allais la trouver où elle donnait son spectacle, et on revenait chez moi. Je recevais beaucoup, dans le temps; j'ai accueilli tout le milieu artistique, rue Lajoie, à Outremont. Dans une salle de musique au sous-sol trônait un piano droit Steinway très rare – que j'ai perdu et retrouvé. Oui, on peut perdre un piano, mais c'est une autre histoire pour un autre moment.

Je regardais Nina s'installer, mettre les doigts sur les touches, son long cou résonnant comme un tuyau d'orgue, une image très forte qui, depuis, revient chaque fois que j'écoute ses disques. Ensemble, on a chanté plusieurs de ses chansons comme *Everything Must Change* et *Ne me quitte pas,* de Brel. Je me pince encore.

Elle était souvent dans les vapes, peut-être à cause de ses médicaments, peut-être de l'héroïne, je ne sais pas... Une chose est sûre, elle était droguée, défaite physiquement et moralement. Sa carrière, qui avait été prodigieuse, connaissait un creux très profond. Elle avait une hargne à l'égard du métier, et détestait la façon dont on la traitait. Elle me répétait : « You know, France, they think I'm done but I'm better than ever » (Ils disent que je suis finie, mais, moi, je sais que je suis meilleure qu'avant). Et elle le prouvera quelques années plus tard.

Un jour, j'ai dû prendre une douche avec Nina Simone ; ce n'était pas du tout sexuel, sauf qu'elle était tellement déconnectée qu'elle oubliait de se laver... Je me rappelle avoir savonné ses cheveux crépus. Je suis presque tombée en amour avec ce qu'elle représentait.

Puis elle est partie.

On n'a pas gardé le contact, je n'ai jamais pensé lui écrire. Et je ne l'ai jamais revue. Ç'a été une amitié spontanée : début fort, vie courte et intense, fin naturelle. Je suis certaine qu'elle a eu d'autres rencontres de ce genre.

Elle ne voulait pas qu'on la juge. Et je ne l'ai jamais jugée.

Donner
généreusement

France Castel - Porte-parole

Mars 2017

La Dauphinelle
Hebergement pour femmes et enfants

35 ANS
à donner

M	J	V	S	D	L	M	M	J	V	S	D	L	M	M	J	V	S	D	L	M	M	J	V	S	D	L	M	M	J	V
1	2	3	4	5	6	7	8	9	10	11	12	13	14	15	16	17	18	19	20	21	22	23	24	25	26	27	28	29	30	31

CHAPITRE 20

Causes, toujours

Après une réunion de travail dans un restaurant du village gai, France marchait, boulevard de Maisonneuve, en quête d'un taxi. Rassemblées autour d'un banc de trottoir, une dizaine de femmes tuaient le temps devant une grande bâtisse, jasant et fumant. Toutes l'ont reconnue : «France Castel, c'est France Castel!» Quelqu'un a touché son épaule, plusieurs lui ont serré la main. «Qu'est-ce que tu fais dans le coin, France?» s'est enquise une brune costaude aux cheveux ras, comme si elles avaient gardé les cochons ensemble et ne s'étaient pas revues depuis la vente de la ferme.

Habituée, amusée, France répondait, souriante. Puis elle a lu sur la façade de l'immeuble : Mission Old Brewery – Pavillon Patricia MacKenzie. Le plus grand refuge pour femmes itiné-

rantes au Canada. « Je n'avais pas entendu parler de cet endroit, dira-t-elle plus tard, remuée. J'aurais pu être l'une d'elles… »

Elle aurait pu, et elle est passée à un cheveu. Sauf qu'on l'a aidée quand elle n'avait, et n'était, plus rien. De sa chute vertigineuse à sa remontée herculéenne, France a beaucoup appris. Elle a surtout compris tout le sens des mots gratitude et reconnaissance. Depuis, elle donne sans compter : de l'argent, du temps, sa voix, son cœur, sa notoriété, son humanité, même son anniversaire – on comprendra plus loin. Sans oublier son rire « qui fait du bien à l'âme », ajoute Chawky Bichara, son chum.

Des grands brûlés aux petits mourants : la liste des causes qu'elle a appuyées, qu'elle appuie aujourd'hui et appuiera demain est infinie et révélatrice.

Je viens de visiter la Maison Dauphinelle, qui s'occupe des femmes violentées et de leurs enfants. J'en ai fait le tour, j'ai rencontré les gens qui y travaillent, constaté leur dévouement, mangé avec des pensionnaires. La mission de cette maison résume bien mes préoccupations : les femmes en général, les femmes battues en particulier, les enfants qui n'ont pas de foyer normal, les abus, la toxicomanie, les inégalités salariales. Entre autres.

La maison peut compter sur quelques porte-paroles, mais je crois que je suis la plus constante. Depuis neuf ou dix ans, j'anime leur spectacle-bénéfice ou j'y assiste, j'y chante parfois *No Woman, No Cry*, de Bob Marley. Ces soirs-là, les organisateurs récoltent 25 ou 30 000 dollars, dont ils ont bien besoin ; donc, je me sens utile. Et maintenant, je veux m'engager encore plus, d'où ma petite visite. Et ma présence dans leur calendrier 2017.

Le but de s'associer à une cause, c'est de la faire connaître. Sauf que, les causes, personne ne veut en entendre parler. On ne m'invite pas à une émission pour parler d'une cause, mais pour une autre raison, et, si je suis très chanceuse, on va me laisser en glisser un mot ou deux. Les *Francs-tireurs* ont insisté pour que je participe à leur émission pour témoigner de la violence conjugale que j'ai subie. Je ne voulais pas, je ne veux pas avoir l'air d'une victime, et la victimisation des femmes, très à la mode ces jours-ci, ça m'énerve. J'ai accepté en leur demandant de mentionner la Maison Dauphinelle à la fin de l'entrevue. Je pensais que le lien était évident. Eh bien, surprise, ça n'a pas été fait.

Alors, puisque ceci est mon livre, je vais me payer la traite et décrire les organismes auxquels je me suis associée d'une façon ou d'une autre. Je vous promets que ce ne sera pas trop pénible, et que je ne ferai pas la baboune si vous passez au prochain chapitre.

LA PETITE MAISON DE LA MISÉRICORDE

« Accueillir des femmes cheffes de famille monoparentale et leur(s) enfant(s) avec respect, empathie et ouverture en leur offrant un accompagnement individualisé et divers services à la famille afin de les aider à développer confiance et autonomie. »

C'est copié-collé de leur site Web parce que je n'aurais pas pu mieux l'expliquer en une phrase. J'ai été moi aussi « cheffe de famille monoparentale », je sais ce que cela signifie. Et avoir su que cette ressource existait déjà à l'époque, j'aurais sans doute frappé à sa porte.

LA MAISON GRISE DE MONTRÉAL

Un autre centre d'hébergement pour femmes battues, ouvert à l'origine par les Sœurs grises. (Vous voyez ? Je fais ça court.)

LE PHARE ENFANTS ET FAMILLES

Le 31 août dernier, j'ai offert mes soixante-douze ans en cadeau à cette association, qui donne du bonheur aux jeunes malades en fin de vie. J'ai tourné une courte vidéo où je suggère à ma famille, à mes amis, à tout le monde, de ne rien m'acheter, mais d'envoyer cet argent au Phare. Par le plus beau des hasards, le jour de mon anniversaire, j'étais aux *Échangistes*, et Pénélope McQuade m'a laissée plugger le Phare à son émission pendant plusieurs minutes. C'est tellement rare que ça arrive, elle ne pouvait pas me faire un plus beau cadeau.

LA MAISON D'HÉRELLE

Elle héberge des gens qui ont le sida. J'en connais qui sont morts de cette maladie effrayante : Esther, une amie dont j'ai parlé ; Pierre David, le coiffeur des vedettes, qui a fait le voyage jusqu'à Chicoutimi pour mon deuxième mariage, mais j'ai finalement porté une coiffe ; c'est pas grave, il était content d'être venu, et j'étais contente aussi qu'il soit là. Pierre, je l'ai vu dépérir, disparaître, et j'y pense souvent.

ENTRAIDE GRANDS BRÛLÉS

Quelqu'un m'a déjà demandé : « Pourquoi les grands brûlés ? Qu'est-ce qui vous lie à eux ? » La réponse : « Moi aussi, je suis une survivante. » Amie de cette association depuis plusieurs années, on m'invite encore au pique-nique annuel. Quand je les vois, j'apprends à dépasser l'enveloppe corporelle, je regarde la beauté et la force de l'âme. Nous, on ne fait que vieillir et on a de la misère à se voir dans le miroir !

LE THÉÂTRE APHASIQUE

Mon médecin de famille, le docteur Léo Lasalle, à qui je dois beaucoup, m'a fait connaître le Théâtre aphasique qu'il a d'ailleurs lui-même fondé, il y a plus de quarante ans. Les gens qui ont un AVC réapprennent à parler avec le théâtre, c'est merveilleux.

LA FONDATION PALLIAMI

Comment ne pas être touchée par leur mission : mettre toute la vie qu'on peut dans la vie qui reste ? Ma mère venait de mourir, ma sœur Diane aussi, j'ai visité leur centre de soins palliatifs, j'ai décidé de m'impliquer : marraine d'honneur, animation de leur soirée-bénéfice et de leur encan, participation à un pyjama-party littéraire… Et je veux en faire encore plus. Prendre soin des mourants n'enlève pas la peur de la mort, parce que ce ne sont pas toutes les fins de vie qui sont belles. Mais, à force de côtoyer la mort des autres, on en vient à apprivoiser la sienne.

TOUT ÉPARPILLÉE

Non, ce n'est pas le nom d'un organisme communautaire pour les gens dispersés, c'est moi, tout simplement. Je me suis éparpillée, dans les causes comme dans ma vie.

Mes débuts dans le bénévolat remontent à la fin des années 1980, tout de suite après ma désinto, à la Maisonnée d'Oka. Sauvée, j'ai voulu sauver le monde. Au départ, bien sûr, ma cause, c'était la toxicomanie. J'en ai parlé pour me libérer de ce secret, et pour me protéger d'une rechute, aussi. En le disant ouvertement, les médias ont sauté là-dessus parce que c'est bien plus intéressant qu'un p'tit rôle à la télé. Donc, tout le monde savait que je m'en étais sortie, je ne pouvais pas y replonger…

Égoïstement, j'aimais plus que tout me sentir utile, voulue. J'avais un tel besoin d'amour et d'être voulue! Je le dis à l'imparfait, mais, au fond, je n'ai pas changé là-dessus.

Toutes les causes m'interpellaient: des animaux maltraités au Québec à la misère en Afrique; j'ai adopté huit enfants avec Vision mondiale; j'ai dit oui à presque tout, difficile de dire non, et on est tellement sollicités. Cette année encore, et elle n'est pas terminée, j'ai reçu une dizaine de demandes; hier, c'était la Maison du Père…

Dernièrement, je me suis parlé: Va falloir que tu choisisses, ma belle, non pas sur la base de «cette cause est plus importante que celle-là», mais dans le simple but de faire vraiment une différence en t'investissant complètement. L'exemple d'Yvon Deschamps et de Judy Richards, associés depuis plus de quarante ans au Chaînon, est en un sens formidable. Celui de Dan Bigras et son Refuge aussi.

Je pense qu'avec la Maison Dauphinelle, j'ai trouvé ma cause. Bien sûr, il y a aussi PalliAmi, ce qu'ils font est essentiel… Et ceux qui s'occupent du Théâtre aphasique, dont le travail est si extraordinaire? Ouais, je devrai réfléchir à tout ça, en commençant par la Maison du Père: qu'est-ce que je peux faire pour eux?

CHAPITRE 21

Les dangers qui me guettent (encore!)

Parmi les photos qu'elle conserve dans son téléphone, France en a une où elle est tout sourire auprès d'un beau jeune homme. Là n'est pas la surprise. Quand on regarde de plus près, et, si on a une bonne mémoire des visages, il est alors possible de reconnaître Jonathan Duhamel. Ce Québécois de Boucherville a fait les manchettes, en 2010, pour avoir remporté 8 944 138 $ US au World Series of Poker, à Las Vegas.

France a affronté Duhamel à la télé, à l'émission Sucré-Salé. *Et elle a gagné; mais «c'était arrangé avec le gars des vues», précise-t-elle. Tous deux partagent une même passion pour le Texas Hold'em, une variante du poker, qui a la cote depuis une quinzaine d'années.*

Le jeu doit rester un jeu, dit la publicité de Loto-Québec.
France est bien d'accord, sauf que…

Je suis allée au Casino pour un petit tournoi hier. J'y serais tous les jours si j'étais seule. Je me lèverais le matin, j'irais promener Betty, je travaillerais, je ferais le tour de mes enfants et petits-enfants pour m'assurer que tout le monde va bien, et je m'en irais jouer.

Le risque est, pour moi, nécessaire ; son taux vibratoire élevé m'allume, sinon je m'ennuie. Le poker comble ce besoin, surtout maintenant que j'ai moins de contrats, et donc plus de temps libre. J'ai éliminé plein de choses au potentiel néfaste dans ma vie, il me reste le poker, laissez-le-moi parce que j'y tiens.

Depuis quatre ans, j'essaie d'aller au Casino une à deux fois la semaine, normalement le dimanche soir. J'y croise une bonne partie de mon public. Et les gens me parlent, là plus qu'ailleurs, on dirait. Si je saute une semaine, certains s'inquiètent : on vous a pas vue, où étiez-vous ?

Dans ces petits tournois, qui n'ont rien à voir avec ceux auxquels René Angélil participait, et qui intéressent des milliardaires comme Guy Laliberté, on peut remporter au maximum quelques milliers de dollars. Le plus gros montant que j'ai ramené à la maison ? 1 460 $, et j'étais en deuxième place. Une fois seulement, j'ai joué un tournoi plus important, et j'ai failli gagner 32 000 piastres, j'étais la treizième. Le paiement s'arrête au douzième joueur.

JOUER AVEC LE FEU : PREMIÈRES ÉTINCELLES

J'avais joué au poker avec mon grand-père, le poker classique. Le Texas Hold'em, je l'ai découvert avec les jeunes qui travaillaient à l'émission *Pour le plaisir*. J'arrivais à leur table avec mes cartes à jouer, j'en ai toujours dans ma sacoche. Un vrai coup de foudre, une nouvelle dépendance. Une passion qui n'est pas près de retomber.

Ce jeu est dangereux, parce qu'il est extraordinaire, fascinant et sans limites. Des limites, je n'ai eu d'autres choix que de m'en fixer, ne serait-ce qu'avec mon chum : si je vais au Casino plus d'une fois par semaine, Chawky ne sera pas content. J'ai eu à mettre cartes sur table avec lui, et c'était pas pour une partie de poker ; il ne comprend pas ce que je vais chercher là. On a établi des règlements, j'ai une enveloppe qui ne sert qu'à ça, mettre mes gains et prendre ma mise avant de partir. Chacun a fait des compromis, et probablement que cela m'équilibre. Mais les p'tits soirs plates de semaine, misère que ça me travaille, je me retiens à deux mains.

J'arrive au Casino à 19 h 30 quand le tournoi commence. Si je tiens le coup jusqu'à la table finale – ce qui n'est pas rare, et je suis la seule femme la plupart du temps, à mon grand plaisir… –, c'est possible que je reste attablée jusqu'à minuit passé.

La dernière fois, j'ai été heads-up, donc tête-à-tête avec un jeune joueur de Toronto, d'ailleurs mignon comme tout, avec sa casquette, ses lunettes et son sweatshirt à capuche, jusqu'à 4 heures du matin. J'avais un fun noir. Et je tiens le coup naturellement, sans alcool, uniquement du lait frappé avec une banane et un peu de fraises.

À deux reprises, j'ai essayé le Playground Poker Club, à Kahnawake. Pas sûre que je vais y retourner. C'est trop loin, j'aime pas traverser le pont Mercier et je ne suis pas folle de l'ambiance. Mais les vrais joueurs préfèrent cet endroit plutôt que le Casino, les tournois sont nombreux, et il y en a tous les jours. Et les sommes en jeu sont plus élevées.

Le montant à gagner n'est pas ce qui m'attire et me séduit dans le Texas Hold'em; c'est le risque, le jeu dans son sens premier, la concentration qu'il exige, et qui, contrairement à toutes les autres situations où je dois me concentrer, me vient facilement.

Quand je joue au poker, je joue aussi un personnage. Je regarde mes partenaires avec, toujours, le même air, et je leur dis: «Faites attention, je suis une actrice.» Je remarque les tics. Ma lecture du genre humain, du *body language*, est assez poussée. J'analyse tout. Aller toujours à la même place n'est pas l'idéal: tu finis par connaître les autres joueurs, et vice et versa. Alors, tu dois rester très créative dans ta façon de te comporter. J'aimerais écrire sur cet univers…

Les machines à sous? Aucun intérêt. Appuyer sur le bouton, *ketching, ketching*, ce n'est pas pour moi. Je ne veux pas donner toute la chance au hasard. Dans le Texas Hold'em, il y a de la stratégie, des connaissances ET du hasard.

Quand je vois William, le fils aîné de ma fille – il a douze ans –, on joue. Il adore ça, et il est bon. La semaine dernière, William m'a envoyé une photo du Portugal ; il est en voyage avec sa famille. Elle a été prise expressément pour sa mamie : dans une salle de casino avec ses jetons. William est audacieux dans sa façon de jouer.

Je suis plutôt agressive. Je n'attends pas mes cartes, comme le font souvent les femmes ; je sais comment jouer mes mauvaises cartes.

J'ai un tempérament de gambleuse, j'ai déjà été aux courses. Et si, demain, j'apprends qu'il ne me reste que six mois à vivre, je ne vais pas me gêner, et jouer tous les jours. Mourir sur une scène ? Non. À une table de poker, des cartes dans une main, et mon verre de lait dans l'autre ? Pourquoi pas ?

AUTRE DANGER

L'envie de tout laisser tomber revient encore, plus rarement qu'avant, comme une vapeur qui monte et me prend à la gorge. Quand cela arrive, je m'en occupe. Heureusement, j'ai un appétit de vivre très fort.

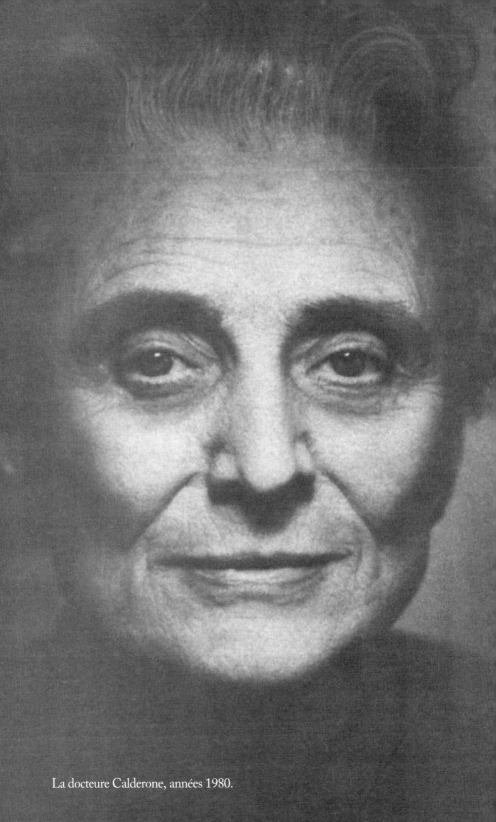

La docteure Calderone, années 1980.

CHAPITRE 22

Vieillir or not to be !

Quand devient-on officiellement vieux ? En 2014, la question a été posée à des Français*, et les réponses varient selon qu'on soit jeune… ou moins jeune. Les ados n'ont aucune pitié : quarante-cinq ans ! Et Madonna figure parmi les « vieilles » qu'ils admirent. Les adultes, plus sages, et plus conscients du temps qui fuit, repoussent le moment fatidique vers soixante-dix ans. Plusieurs sondés estiment que la vieillesse s'invite pour ne plus repartir dès qu'on arrête de travailler. Le fameux slogan « Liberté 55 » devient soudain moins attirant.

---

* Sondage Opinonway, mené en octobre 2014 auprès de 1 005 adultes (18 ans et plus), et 302 enfants (10 à 17 ans).

Née le 31 août 1944, six jours après la libération de Paris, et le lendemain de l'assermentation de Maurice Duplessis, France Castel est-elle vieille ? À la voir aller, à la voir, tout court : non. On le lui répète d'ailleurs souvent : vous ne vieillissez pas, comment vous faites ?

Elle nous révèle enfin son secret !

Parlant de vieilles affaires… Mon sous-sol en est plein et, une fois ou deux par année, j'y descends avec la ferme intention de remplir le bac de recyclage. L'une de mes dernières rages de ménage s'est arrêtée net sur cette photo. Vous ne trouvez pas qu'elle me ressemble ? La première fois que je l'ai vue, j'avais la moitié de mon âge actuel et, pourtant, j'ai été saisie par une certaine parenté avec son visage : quelque chose dans le regard, les paupières tombantes, les pommettes, la bouche, la vibration, tant qu'à y être, même si ça sonne ésotérique. Le magazine *Time* consacrait un long article à la docteure Calderone, cette sexologue américaine, une sommité, qui venait de publier un livre-événement. Une sommité que je ne connaissais pas, un nom que je n'avais jamais entendu et que je n'ai jamais oublié depuis, malgré mes années dans le brouillard et tous mes délires. Elle me fascinait et me donnait froid dans le dos.

Parce qu'en la voyant, je me suis vue vieille. L'horreur !

C'était à l'époque de *Starmania*. Soir après soir, je devenais Stella Spotlight. Je me disais qu'elle n'avait pas tort de se voir *has been* à quarante ans. J'en avais trente-sept, et j'entendais presque le compte à rebours. Pour plusieurs femmes, la quarantaine est un cap délicat à négocier ; pour une actrice, une comédienne, une chanteuse, même une lectrice de nouvelles, bref, quand on fait un métier public et que, veut veut pas, on est jugée sur ce qu'on a l'air, c'est quasi tragique. Et encore, le maudit HD, la haute démolition, n'existait pas !

J'ai découpé la page du magazine avec soin. Je l'ai placée dans un beau cadre avec une vitre. Et sur cette vitre, je sniffais mes lignes de coke en regardant la bonne femme et en pensant : je ne te ressemblerai jamais, ma vieille, je vais mourir bien avant.

Contre toute attente et toute logique, je ne suis pas morte.

Bien plus tard, après mes années de consommation et ma cure de désinto, j'ai considéré la photo d'un œil différent, plus admiratif, même reconnaissant. Toujours active et pertinente à plus de quatre-vingts ans, cette belle madame Calderone méritait mon respect. Elle était mon cauchemar ? Elle est devenue un modèle. Une fois sortie du cadre, j'ai fait laminer la photo pour la protéger du temps, puis je l'ai rangée. C'était ma façon d'admettre qu'elle avait gagné : j'acceptais de vivre, ce qui impliquait que j'acceptais aussi de vieillir.

Facile à dire. À faire ? C'est de l'ouvrage.

Quand je joue un personnage, l'allure que j'ai ne me dérange pas… trop. Habillée, maquillée et coiffée par d'autres, je deviens une autre. Quand je suis interviewée, assise à côté de belles jeunes faces, ce n'est pas la même histoire. Attention : je ne suis pas aigrie ni jalouse. Je suis lucide, simplement. Ils sont jeunes, bravo ; je ne le suis plus, tant pis, et je ne le serai plus jamais. That's it. Je n'y peux rien. Ce que je peux, par contre : ne plus me regarder à la télé. Je vais le faire si, et seulement si, c'est nécessaire pour une raison professionnelle, et misère que j'ai hâte que ça finisse !

Bien sûr, il m'arrive de demander à mon miroir : Botox ou pas Botox ? Ma mère a été parmi les premières à se faire face-liftée, à soixante ans. Elle était très satisfaite du résultat, elle avait l'impression de recommencer sa vie, et s'est même ins-crite ensuite à l'université, mais il est certain que je n'irai ja-mais jusque-là. Il y a trois ou quatre ans, dans un institut de beauté, une infirmière m'a injecté des vitamines dans les joues. Des gens ont remarqué que j'avais bonne mine, l'effet a duré trois mois, et je n'ai pas répété l'expérience. On m'a enlevé au laser deux taches de vieillesse sur les mains, j'ai eu mal en tabarnouche, mais des taches, j'en ai ici, ici, ici, ici, ici, ici, et toute une famille juste là. Du pain sur la planche pour une esthéticienne, et un an à souffrir pour moi. J'ai décidé que je gardais mes taches. Pour l'instant.

Quand on est compulsif, il y a là un piège. Admettons que, demain, je lance le grand travail de restauration, par une intervention majeure, par exemple : un redrapage des pau-pières, opération à laquelle il m'arrive de penser... Qu'est-ce que fais avec le front ? Et le cou ? Et le reste ? Alouette ! Je n'arrêterai plus. Je le sais tellement, je me connais trop bien.

J'en vois, des ratages, des bouches en becs de canard. J'en vois, et j'en connais, des actrices, des chanteuses, des animatrices, qui ont mis un doigt dans l'engrenage et tout le reste a suivi. Comment les blâmer ? Vieillir n'est pas à la mode. La pression antirides, je la ressens aussi, je ne vis pas sur Mars. Je ne me présente pas sous mon mauvais jour. J'essaie de m'arranger pour camoufler les changements corporels ; je ne peux plus mettre ce que je portais avant, et c'est bien plate. J'ai déjà joué au tennis, pratiqué le yoga, moins par plaisir que dans l'espoir très humain de rattraper ce qui tombe par gravité. J'ai un minitrampoline sur lequel je saute allègrement et régulièrement. J'habite près du mont Royal, je fais de longues promenades sur la montagne. Je mange très bien, mais trop : je pourrais perdre 15 livres. Sauf que, plus mince, je deviens plus disproportionnée. On ne maigrit pas où on veut, à moins de se faire liposucer. Que c'est donc compliqué !

SI JEUNESSE SAVAIT...

Pour le boulot, on m'a souvent photographiée. Parmi les quelques photos que j'ai conservées, il y en a une, prise sur le vif, et que j'aime bien : cheveux courts et yeux de biche étonnée, je m'y trouve un je-ne-sais-quoi de l'actrice Jean Seberg. Quand je la regarde, un demi-siècle plus tard – ayoye ! –, je me trouve plutôt jolie. Pas un canon comme Louise Marleau ou Monica Bellucci, mais peut-être même belle… Dans l'un des premiers articles sur moi, en 1969, la journaliste de *La*

Patrie avait écrit: «Un sourire charmant, une taille de manne-quin...» J'avais été flattée et étonnée: une taille de mannequin? Anyway, on est loin du compte aujourd'hui. À vingt-cinq ans, je ne me souciais pas de ces affaires-là, et je ne jouais pas là-dessus. Mon but, c'était d'être aimée, pas d'être la plus cute.

Sur cette photo, je remarque surtout l'innocence, la fraî-cheur de la fille que j'ai été. Hier, au restaurant, je regardais un jeune homme avec une certaine mélancolie. La fraîcheur de sa peau, la souplesse de son corps...

Je le dis sans honte: j'aime les corps d'hommes jeunes. Je ne suis sûrement pas la seule de mon âge... À quarante ans, mon amant en avait vingt. Je me rends compte que je fais encore de l'effet sur des gars dans la trentaine, la quarantaine. Je les sens intrigués. On me fait des avances, carrément. Ça ne va jamais plus loin que le flirt. Je me sentirais une vieille libidineuse. J'aimerais mieux payer, ce serait clair. Mais c'est pas demain la veille: je n'ai plus la même libido, alors que j'avais envie de faire l'amour quatre fois par jour. Pour être franche, ça ne me fait pas un pli sur la différence. En fait, c'était souffrant, et je me sens libérée, fiou!

UN SCOOP

On me dit que je suis un exemple, que je donne du courage pour assumer le troisième âge et tout ce qui vient avec. «Mon Dieu que vous vieillissez bien! Comment vous faites ? » Cette phrase, je l'entends presque tous les jours, des inconnus à l'épicerie, des collègues de plateau. Des fois, je réponds : « Merci beaucoup, pourtant, je vieillis. » Ça fait rire, sauf que c'est vrai, hélas. Sans blague, je pourrais animer des conférences sur le sujet, vendre mes trucs et mes recettes comme tant d'autres le font, la demande existe, mon agent reçoit des offres alléchantes qu'il refuse à contrecœur. Parce que c'est non. Je ne veux pas faire de l'argent avec la peur de vieillir. Je les vois, les femmes de quarante, cinquante ans qui se cherchent un modèle, qui me regardent aller, qui savent que j'ai mené une vie différente de celle de leurs mères, une vie qui ressemble à celles qu'elles ont : une carrière exigeante, des enfants, des histoires d'amour, des séparations, etc.

Voici un scoop : je n'ai pas de recette, même pas de truc. Je suis chanceuse, car je ne me suis pas ménagée. Ce que les gens remarquent, c'est mon énergie. J'en ai beaucoup, j'en ai toujours eu, une vraie ressource naturelle. Il y a ça, et aussi le fait que je me donne le droit de vieillir. Une décision prise en accord avec une grande loi universelle : si rien n'est sacrifié, rien n'est obtenu. Si on ne fait pas le deuil de sa jeunesse, comment alors avoir une belle vieillesse ?

Le jour de mon anniversaire, je le vois comme si on me donnait un trophée : one more ! Un de plus ! Je ne porte pas de lunettes roses. Il n'y a rien de positif à vieillir physiquement. Rien. Tout change, et pas pour le mieux. Le seul élément positif de l'affaire, c'est de durer, pour pouvoir apprendre, comprendre, mûrir et évoluer.

Si je me fie à mon intuition, je me vois apprendre, comprendre, mûrir et évoluer jusqu'à quatre-vingt-quatre, quatre-vingt-cinq ans. Il me reste donc douze ou treize ans, et que vais-je en faire ? Je n'ai pas de liste de choses à accomplir et de pays à visiter avant de mourir. La Grande Muraille de Chine ? Je ne l'ai pas vue, et je m'en sacre. J'ai vécu pas mal ce que j'avais à vivre. J'aurais aimé prendre l'avion sans avoir des hallucinations terrifiantes – il n'y a rien à faire, la peau de tous les autres passagers devient jaune ! Mais bon, j'ai voyagé autrement… dans ma tête.

Maintenant que j'y pense, c'est sûr que j'aimerais qu'on me donne un vrai premier rôle, un grand rôle, riche, complexe. Télé, théâtre, cinéma, peu m'importe. De ce rôle-là, je pourrais dire, je suis allée jusqu'au bout de ce que je suis et de ce que j'ai appris, j'y ai donné tout ce que j'ai. Un vieux rêve…

TABLE DES MATIÈRES

**Photos tirées
des archives personnelles
de France Castel :**
pages 29, 30, 38, 48, 60, 80, 101, 102, 120, 166 ;
galerie photos, pages 1, 2, 3, 4, 5, 6, 7, 8, 10, 13, 14, 15.

Photos Jean-Yves Girard :
pages 18, 23, 24, 37, 59, 72, 82, 91, 92, 108, 132, 144, 158, 174, 182, 194.